공공신학으로 가는 길

공공신학과 현대 정치철학의 대화

공공신학으로 가는 길:
공공신학과 현대 정치철학의 대화

2019년 10월 14일 초판 1쇄 발행
2023년 12월 1일 초판 2쇄 발행

지은이 최경환
펴낸이 김지호

도서출판 100
전　화 070-4078-6078
팩　스 050-4373-1873
소재지 경기도 파주시 아동동
이메일 100@100book.co.kr
홈페이지 www.100book.co.kr
등록번호 제2016-000140호

ISBN 979-11-89092-09-2 03230

차례

〈에라스무스 총서〉를 발간하며

2019년 지금 우리는 인문학 위기를 넘어, 인문학 종언을 향해 가는 시대를 살고 있다. 연구자들은 설 자리를 잃고, 시간과 수고를 들여야 하는 인문학적 수련보다는 일회성 흥미를 유발하는 콘텐츠가 더 각광받고 있다. 특별히 깊은 사유의 기반이 되는 독서의 영역이 좁아지고 있는 현상은 현재 표면적으로 일고 있는 인문학 열풍과는 달리, 실제로는 위기에 처한 인문학의 현주소를 보여주는 사례라고 할 수 있다. 이러한 위기는 신학에도 비슷하게 도래하고 있다. 시대의 위기를 극복하기 위해 지혜를 키워가야 할 신학마저도 절대자를 위시한 고유한 진리에의 열망, 인문학자들마저 매료시킬 역사적 원천에 대한 탐구, 인간과 신의 화해를 향한 자유로운 사유의 실험보다는 실용적인 교회 성장이나 교파주의를 강화하기 위한 방편으로 활용되는 경우가 많다.

이러한 위기 가운데, 인문학&신학연구소 에라스무스와 도서출판 100은 신학과 대화하는 인문학, 인문학과 대화하는 신학, 더 나아가서는 양자가 서로를 비판하고 전유하는 사유의 모험을 보여주는 일련의 실험들을 〈에라스무스 총서〉라는 이름 아래 선보이고자 한다. 르네상스 인문주의를 대표하고, 종교개혁에도 지대한 영향을 미친 데시데리우스 에라스무스는 탄탄한 인문학적 사유를 기반으로 삼아 성서와 전통에 대한 풍요로운 이해를 보여주었고, 교회를 존중하면서도 교회에 대한 신랄한 비판을 서슴없이 할 줄 알았던 세계인이었다. 그에게 철학을 비롯한 인문학은 일부 중세인들이 간주했던 것처럼 신학의 시녀가 아니었고, 일부 종교개혁의 후예들이 폄훼한 것처럼 신학의 장애물도 아니었다. 오히려 그는 탄탄한 인문학적 훈련과 사유를 겸비한 사람이었고, 그 속에서 성서 이해와 신학이 풍요롭게 발전할 수 있음을 알았으며, 이러한 인문주의적 신학을 그의 생애 동안 몸소 보여주었다.

〈에라스무스 총서〉가 지향하는 바도 큰 틀에서 탁월한 인문주의자 에라스무스가 시도했던 모험을 따른다. 우리는 성서와 전통에 대한 협소한 교파주의적 이해나 일부 인문학자들이 보여주는 신학 자체에 대한 무시 내지 몰이해를 넘어, 양자 간 자유로운 대화와 비판적 전유를 보여주는 탁월한 연구자들의 성과를 총서 기획 속에 편입시켜 세상에 선보이고자 한다. 여기에는 저명한 외국 학자들의 작품은 물론이고 참신한 생각을 가진 국내 학자들의 성과가 함께 들어갈 것이며, 인문학적 사유가 탄탄하게 배어 있는 전문 학술서부터 독자들이 다소간 접근하기 쉬운 대중적인 학술서에 이르는 다양한 형태의 연구 성과들이 포함될 것이다. 이러한 시도는 인문학과 신학의 위기 속에서도 학문적 상상력과 인내 어린 성찰을 지속하려는 사람들의 작은 소망을 지켜나가는 운동이 될 것이다. 인문학&신학연구소 에라스무스와 도서출판 100의 우정의 연대를 통해 시작한 이러한 기획이 꾸준하게 결실을 맺음으로써, 한국 사회와 교회 안에 새로운 이론적 성찰의 가능성을 제안하기를 간절히 염원한다.

인문학&신학연구소 에라스무스

도서출판 100

머리말

가끔 17년 전 정부 과천청사에서 전투경찰로 군 복무를 하던 기억이 떠오른다. 당시 노무현 정부는 시민 참여형 정치를 내세웠고, 자연스럽게 이전보다 대중집회와 시위가 훨씬 많아졌다. HID 북파공작원 할아버지들은 가스통을 들고 법무부 앞에서 시위를 하고, 새만금 간척 사업을 반대하던 시민단체와 종교단체는 삼보일배하며 청사 앞을 지나갔다. 대학과 대학원에서 신학만 공부하며 정치 이슈나 사회 문제에 전혀 관심이 없던 나에게는 이 모든 장면이 큰 충격이었다. 우리 사회에 이토록 억울하고 한 맺힌 사람들이 많다는 사실에 놀랐다. 또한 그들의 목소리가 정부 관료들에게 도달하기까지의 거리가 얼마나 먼지도 알게 됐다. 목소리를 전달하려는 자와 목소리를 막으려는 자의 팽팽한 긴장을 2년간 경험했다. 지금 생각하면 무엇과도 바꿀 수 없는 소중하지만 충격적인 경험이었다.

대중집회를 통한 기독교의 정치참여도 확연히 늘었다. 기독교 단체와 대형교회도 시청 앞 광장에서 기도회라는 이름으로 다양한 정치 집회를 열었다. 한기총 대표는 1만 명 이상의 대규모 시청 앞 기도회를 자신의 임기 기간 내 12번이나 개최했다고 자랑스럽게 말하기도 했다. 그때나 지금이나 이들이 내세우는 논리는 기독교의 사회적 책임과 공적 역할이다. 사학법 개정 반대집회로부터 시작해 차별금지법 반대집회에 이르기까지, 최근에는 대통령 하야를 노골적으로 요구하면서 그 수단과 내용은 더욱 원색적으로 진화했다. 어떤 정당이 정권을 잡느냐에 따라 시위 현장에 나오는 단체의 정치적 성향은 정반대로 바뀐다. 하지만 진보 진영이든 보수 진영이든 하나같이 기독교의 사회적 책임을 앞세운다는 점은 변하지 않는다. 정교분리라는 논거 역시 그때그때 상반되는 방식으로 적용된다. 그렇다면 과연 기독교의 사회적 책임은 구체적으로 무엇을 뜻하고, 어떤 방법으로 구현되어야 하는 걸까?

최근 몇 년간 시청 앞 광장에서 개최된 기독교 집회의 적실성을 논한다거나 그들의 주장이 옳으냐 그르냐를 따지는 가치판단은 잠시 뒤로 하자. 그보다는 그동안 한국 교회의 사회참여가 얼마나 합리적인 의사소통의 과정을 거쳤는지, 혹은 자신들이 주장하는 기독교의 공적 가치가 시민사회의 공론장에서 충분한 토론과 비판의 무게를 견뎌낸 여론인지를 묻고 싶다. 공론장에서 여론이 형성되기 위해서는 대화 당사자들이 진정성 있는 대화와 합리적인 의사소통을 통해 시민들의 공공선을 공유해야 한다. 한국 교회는 과연 이러한 공론장의 기본 규칙과 정서들을 공유하면서 자신들의 의견을 주장했는지 묻지 않을 수 없다.

하지만 더 근본적으로 기독교가 광장에 나가서 맘껏 시위와 집회를 할 수 있었던 이유는 형식적으로나마 한국에 민주주의가 뿌리를 내리고, 다원성과 포용성의 가치를 존중하는 사회가 되었기 때문이다. 이제는 한국 사회에 그 내용과 가치가 무엇이든 자신의 의사와 견해를 맘껏 표현할 수 있는 법적 토대가 마련된 것이다. 그런데 정치적 다원주의의 혜택을 누리며 성장한 기독교가 이제는 소수 의견과 입장을 탄압하고 무시하는 집단으로 바뀌었다. 민주사회의 가장 기본 가치인 다양성과 평등은 기독교가 지향하는 가치와 상충하지 않는다. 그럼에도 오늘날 한국 교회가 이런 가치들을 증진하지는 못할망정 오히려 방해하는 집단이 된다면, 기독교는 공공의 종교가 아니라 공공의 적이 되고 말 것이다.

나는 젊은 시절 기독교세계관을 공부하면서 자연스럽게 기독교 윤리와 정치신학에 관심을 두게 됐다. 그리고 그 관심의 연장선에서 공공신학을 알게 됐고, 지금까지 관련 책들을 꾸준하게 읽고 있다. 하지만 공공신학을 공부할수록 그 개념이 분명하게 손에 잡히지 않았다. 심지어 공공신학을 '신학'이라고 부를 수 있는지조차 헷갈렸다. 공공신학은 전통적으로 신학에서 사용해온 방법론을 사용하지도 않고, 성서학이나 역사신학으로부터 신학적 근거를 찾지도 않는다. 오히려 공공신학은 정치학, 철학, 사회학과 같은 인접 학문과의 대화를 통해 귀납적으로 내용을 구성하는 일종의 응용신학이라 할 수 있다. 다시 말해 성서나 기독교 교리로부터 공공성의 원리를 뽑아내 현실 사회에 적용하는 것이 아니라, 반대로 오늘날 우리 사회의 다양한 문제와 이슈들이 기독교 신학과 어떻게 연결되는지를 고민하는 것이다. 그런 점에서 공공신학은 사회를 분석하는 다양한 인접 학문의 도움을 받을 수밖에 없고, 방법론적으로는 아래로부터의 신학을 지향한다고 할 수 있다.

처음 책을 기획할 때는 쉽고 재미있는 글로 공공신학을 대중에게 소개하려 했는데, 써놓고 보니 지나치게 전문적이고 학술적인 책이 돼버렸다. 애초의 목표를 충분히 달성하지 못해 아쉽지만, 아직 국내에는 공공신학을 이론적으로 다룬 책이 많지 않기 때문에 나름의 의미가 있는 책이라 생각한다. 이 책은 제목 그대로 공공신학으로 가는 다양한 길을 보여준다. 전 세계적으로 다양한 방식으로 전개된 공공신학의 기원과 내용을 충실히 소개하는 것이 이 책의 목표다. 공공신학을 처음 접하는 독자는 공공신학의 전체 그림을 그릴 수 있고, 이미 공공신학을 접해 본 독자는 그동안 소개받지 못한 내용을 접할 수 있게 될 것이다. 작은 바람이 있다면, 이 책이 공공신학이라는 넓은 세계로 들어가는 작은 디딤돌이 되는 것이다. 목회를 준비하는 예비 목회자나 지역 교회 목회자, 그리고 신학의 사회적 쓸모를 고민하는 그리스도인들에게 이 책이 작은 도움이 되길 바란다.

남아공에서 신학 공부를 하고 돌아온 뒤, 2014년부터 '현대기독연구원', '새물결아카데미', '인문학&신학연구소 에라스무스' 같은 기독교 아카데미에서 공공신학 세미나를 수차례 진행해왔다. 세미나를 준비하면서 몇몇 학술지에 논문을 기고했는데,[1] 그 원고들이 이 책의 밑거름이 되었다. 특별히 2018년 여름에 '에라스무스'에서 진행했

---

[1] "공공신학의 기원, 특징, 최근 이슈들," 『복음과 윤리』 12 (2012): 11-47; "하버마스의 공론장 개념과 공공신학," 『기독교철학』 19 (2014): 189-221.

던 세미나(공공신학과 정치신학의 새로운 도전)는 이 책을 쓰게 된 직접적인 계기가 되었다. 무더운 여름 이 책의 원고를 꼼꼼하게 읽으며 함께 고생했던 참가자들(설요한, 유태완, 민찬수)에게 깊이 감사드린다. 책을 통해 다양한 지식을 습득하기도 하지만 사람을 통해 성장하는 기쁨에는 비길 수 없다. 여러 아카데미에서 만난 다양한 사람들과의 대화가 이 책 곳곳에 스며들어 있다.

무엇보다 에라스무스 연구원들의 따뜻한 격려와 비판 그리고 끈끈한 우정의 연대가 있었기에 이 책을 낼 수 있었다. 책을 쓰면서 함께 공부했던 친구들의 한 마디 한 마디가 새삼 고맙다. 에라스무스 연구소에서 함께 공부하고 있는 손민석, 안규식, 김광현, 김동규, 김승환, 김봉근, 윤동민, 설요한, 정종욱, 이승용 선생님은 늘 곁에서 내 연구를 응원하고 지원해주셨다. 세미나 원고를 출판하기로 결정하고, 전체적인 내용을 교정해준 도서출판 100의 김지호 대표님은 이 책의 첫 독자이자 가장 꼼꼼하게 비평을 해준 선생님이었다. 원고를 새빨간 색으로 물들여준 양만큼이나 깊은 애정과 사랑을 느낄 수 있었다. 사랑하는 아내 진화영과 세 자녀 서린, 시우, 지안에게도 감사의 말을 전한다. 내가 저녁 늦은 시간까지 친구들과 수다를 떨고 맘껏 공부할 수 있도록 배려해준 가족이 있었기에 이 책이 나올 수 있었다. 가족이야말로 내가 즐겁게 공부하고 글을 쓸 수 있는 에너지의 원천이다.

마지막으로 공공신학을 공부하기로 결심하게 된 계기를 잠깐 언급하고자 한다. 본회퍼의 신학을 공부하기로 작정하고 유학길에 오르면서 그의 『윤리학』에 나오는 아래 문장이 내 머리를 세게 때렸다.

공공연한 논쟁을 회피한 인간은 개인적 미덕이라는 피난처에 도달한다. 그는 도적질하지 않고, 살인하지 않고, 간음하지 않고, 힘을 다해 선을 행한다. 하지만 공공성을 임의로 포기한 그는 자신을 갈등에서 보호해주는 한계선을 정확하게 지킬 줄 안다. 따라서 그는 자기 주위에서 일어나는 불의 앞에서 눈과 귀를 닫을 수밖에 없다. 세상 안의 책임적 행동 때문에 자신의 개인적인 순수성이 더럽혀지는 것을 막기 위해 그는 반드시 자기기만의 대가를 치러야 한다. 비록 그가 온갖 일을 행하더라도, 자신이 행하지 않은 일 때문에 평안을 얻지 못할 것이다. 그는 이러한 불안 때문에 파멸하거나, 가장 위선적인 바리새인이 될 것이다.[2]

자신의 주변에서 일어나는 불의와 배제에 눈을 감아 버리는 그리스도인을 가장 위선적인 바리새인이라고 비판한 본회퍼의 지적은 다른 이가 아닌 바로 나를 향한 것이었다. 말과 글로는 늘 정의와 평화를 외치면서도 실제로 내 삶은 여전히 비겁한 바리새인과 다르지 않았다. 이 책은 단순히 공공신학의 발생 과정과 전체 지형도를 소개하는 것으로 그치지 않는다. 내가 공부한 내용과 삶의 실천 사이에서 발생하는 괴리와 틈 때문에 괴로워하는 학문적 자서전이기도 하다. 내가 느낀 이 괴로움과 안타까움이 독자들에게도 조금이나마 전달된다면 이 책의 소명은 다한 것이라 생각한다.

2   디트리히 본회퍼, 『윤리학』, 손규태·이신건·오성현 옮김(서울: 대한기독교서회, 2010), 79-80.

시작하며: 공공신학 지도 만들기

한국 기독교가 사회적 신뢰를 회복하고 교세 감소를 극복하기 위한 방편으로 교회의 사회적 책임과 공공성 회복에 대한 목소리가 높아지고 있다. 그와 함께 한국 교회의 쇠퇴에 대한 분석과 대안이 다양한 방면에서 제기되고 있으며, 새로운 교회의 출현을 준비하는 움직임도 적지 않다. 한국 교회의 쇠퇴의 원인에는 여러 가지가 있겠지만, 많은 사람이 사사화된 신앙과 교회의 대 사회적 책임 의식 부족에서 찾는다. 혹은 오늘날 사회적으로 민감한 이슈에 대해서 기독교가 지나치게 정치적 편향성을 보여준다거나 보편적인 사회적 합의를 적절하게 수용하지 못하는 태도에서 찾기도 한다. 많은 이들이 기독교의 이런 사회적 태도와 실천을 신학적으로 해명하기 위해 공공신학에 관심을 보이고 있다. 지난 몇 년간 국내에서도 공공신학 관련 서적과 논문이 쏟아졌으며, 이와 관련된 다양한 포럼과 학술 행사가 적지 않게 열리고 있다. 장신근은 1980년대 이후 세계 신학계는 실천신학의 르네상스를 맞이하고 있다고 평가한 바 있는데,[1] 2000년대 이후에는 공공

---

1   장신근, 『공적실천신학과 세계화시대의 기독교교육』(서울: 장로회신학대학교출판부, 2007), 19.

신학의 르네상스를 맞이하고 있다고 해도 과언이 아닐 것이다.

　그동안 개별적으로 연구되어 오던 공공신학은 2007년에 공공신학 국제 네트워크(Global Network for Public Theology)가 프린스턴 신학교에 설립되고, 동시에 『공공신학 국제 저널』(International Journal of Public Theology)이 발간되면서 비로소 종합적인 모습을 드러내기 시작했다. 이 단체는 매년 국제 컨퍼런스를 개최해 그 결과물을 〈공적 영역에서의 신학〉(Theology in the Public Square)이라는 시리즈로 출간하고 있다. 지역적으로는 미국과 독일, 영국과 호주, 남아프리카공화국과 남아메리카의 신학자들이 참여하고 있으며, 특정 신학 분과를 초월해 다양한 학제 간 연구를 진행하고 있다.[2] 본격적으로 학회가 설립되고 학술지가 창간되면서 공공신학에 대한 연구 성과들이 누적되기 시작했고, 이에 발맞춰서 상당 양의 단행본과 결과물이 쏟아지고 있다. 초기 『공공신학 국제 저널』에서는 공공신학의 개념과 내용, 방법론과 신학적 근거에 대한 논문이 주를 이뤘지만, 점차 구체적인 적용과 실천에 대한 논문이 늘어나고 있다. 일반적으로 공공신학은 특수성보다는 보편성을, 지역성보다는 탈지역성을 강조하는 경향이 강했지만, 최근에는 오히려 각 지역과 상황의 특수성을 강조하는 경향이 강하다. 이는 공공신학에서 말하는 공공성이 하나의 보편적 의미로 환원될 수 없으며, 다양한 상황 속에서 다양한 의미로 해석될 수 있다는 사실을 보여주는 사례라 할 수 있다.

2　전 세계적으로 연구되고 있는 공공신학의 동향에 대해서는 이승구, "공적 신학(公的神學)에 대한 개혁파적 한 접근", 「한국개혁신학」 24 (2008), 229-261을 참고하라.

그런데 전 세계적으로 공공신학에 대한 연구가 활발하게 진행되고 있음에도 불구하고, 많은 학자들이 공공신학을 정의내리는 데 어려움을 겪고 있다. 공공신학을 이해하는 데 있어 가장 큰 장애물은 공공신학 자체가 가지고 있는 다양하고 복잡한 성격이다. 공공신학은 여타 다른 신학처럼 신학의 대상과 주제 그리고 방법론이 구체적으로 확정된 신학이 아니다. 여전히 형성 중에 있는 신학으로 개방성과 다원성 그리고 상황에 따라 새롭게 의제를 형성하는 특징을 가지고 있다. 공공성에 대한 논의 자체가 다양한 현대 사상의 흐름 속에서 형성된 것이기 때문에 공공신학을 적용하고 실천하는 이들이 자신들의 취향에 따라 필요한 이론을 가져다 쓰고 있다. 공공신학은 다양한 신학적 착안점에 근거하여 발전했기 때문에 신학적 성향이 **개방적**일 수밖에 없다. 또한 이 신학이 적용되는 맥락과 상황에 따라 각기 다른 방식으로 의제가 전개되기 때문에 **다원적**일 수밖에 없다. 예를 들어, 공공신학을 주장하는 이들 가운데는 신자유주의와 대기업의 독과점에 대해서 우호적인 북미의 보수적인 신학자부터 남미와 남아공의 과격한 해방신학자까지 신학적 스펙트럼이 매우 다양하다. 이처럼 공공신학을 전유하는 신학 전통과 계보 역시 너무나 다양해서 공공신학을 공부하는 이들은 코끼리 뒷다리를 만지는 심정으로 연구할 수밖에 없다.

또한 공공신학에서 중요하게 다루고 있는 **세속화, 세계화, 공공성**에 대한 견해도 저마다 다양하다. 현대 사회가 다양하고 복잡한 양상으로 분화되었기 때문에 이를 해석하고 분석하는 방법도 다양하다.

그렇기 때문에 공공신학이 제시하는 대안과 해결 방안 역시 다양한 방식으로 전개되고 있다. 역사 속에서 전개된 신학은 각자의 전통과 입장에 따라 다양한 방식으로 응답하고 대응해왔다는 점을 고려할 때, 공공신학의 다양성은 어쩌면 자연스러운 결과인지도 모르겠다.

그동안 공공신학은 기독교 사회윤리의 한 분야나 실천신학의 한 부분으로 연구되어 왔기 때문에 전통 신학과의 연결점을 찾기가 쉽지 않았다. 하지만 최근에는 교회론과 연결해서 신학적 준거점을 찾으려는 시도가 활발하게 일어나고 있다. 이 부분도 여전히 공공신학자들 사이에서는 논쟁적인 주제로 남아있다. 교회의 울타리를 넘어서는 것이 공공신학의 근본적인 내적 동기라고 말하는 이들이 있는가 하면, 오히려 공공신학을 **교회를 위한 신학** 혹은 **교회의 신학**으로 생각하는 사람도 있다. 공공신학은 처음부터 상황적이고 실천적인 물음에서 출발한 학문이기 때문에 전통적인 신학적 주제에 대한 고찰은 다소 미흡한 것이 사실이다. 성서학과의 연결점도 다른 현대 신학과 비교해볼 때 취약한 편이다. 이런 몇 가지 이유들이 공공신학을 개념화하기 어렵게 만드는 요인이라 할 수 있다.

이렇듯 공공신학의 다양성과 복잡한 지형 때문에 국내의 공공신학 논의는 아직 일천한 단계에 머물러 있다. 오늘날 전 세계적으로 활발하게 논의되고 있는 공공신학의 전체 윤곽과 이론적 지형도를 파악하고 싶어도 제한된 시각과 정보로 인해 국내에서 논의되고 있는 내용이 국제적 흐름에서 어느 지점까지 와 있는지를 파악하기가 어려웠다. 공공신학이라는 이름이 많은 사람에게 거론되고 있지만, 정작 공공신학에 대한 개론적인 소개나 전체적인 전망을 보여주는 책이 많지 않다는 것도 문제다.[3] 예를 들어 국내에 많이 소개된 미국 프린스턴신학교의 맥스 스택하우스(Max L. Stackhouse)는 국제적으로 널리 알려진 공공신학자이기는 하지만, 그는 북미의 복음주의 개신교, 특별히 개혁신학의 입장을 대변하는 신학자다. 따라서 그를 통해 소개된 공공신학이 오늘날 전 세계적으로 진행되고 있는 다양한 공공신학의 의제와 전체적인 지형도를 보여준다고 보기는 어렵다. 아직도 영국과 독일, 남아메리카와 남아프리카에서 활발하게 활동하고 있는 공공신학자들의 저술이나 글이 국내에는 전혀 소개되지 않았다. 정보의 불균형 속에서 공공신학에 대한 여러 가지 선입견과 인상 비평만 무성한 형편이다.

이런 형국에서 국내 공공신학 연구는 다양한 방식으로 서로 다른 개념들과 만나면서 새로운 모습으로 변화했다. 실천적인 차원에서 공공신학은 교회의 사회활동을 위한 이론적 토대로 많이 사용되고 있다. 특별히 오늘날 활발하게 논의되고 있는 선교적 교회(Missional Church) 담론은 공공신학의 훌륭한 파트너라 할 수 있다.[4] 지역교회의 필요를 채워주고 사회 참여를 강조하는 선교적 교회 운

---

3   최근에 나온 성석환의 『공공신학과 한국 사회』(서울: 새물결플러스, 2019)는 전 세계적으로 논의되고 있는 공공신학의 흐름을 잘 소개했다. 또한 이형기의 『하나님 나라와 공적 신앙』(서울: 한국학술정보, 2009)은 국내에 소개되지 않은 영국의 공공신학을 비교적 자세히 소개했다.

4   공공신학과 선교적 교회 운동을 연결해서 설명하려는 시도는 성석환, 『공공신학과 한국 사회』를 보라.

동은 공공신학의 관심사와 많은 부분을 공유한다. 반면 공공신학은 이와 반대로 교회 중심적 신앙에서 벗어나 세속사회와 광장에서 그리스도인의 실존 방식을 고민하는 성격이 강하기 때문에, 이 신학은 오늘날 부상하는 탈교회 문제, 즉 가나안 성도 현상과 연관될 수 있다. 그동안 기독교 신학은 주로 교회를 매개로 그리스도인의 사회 참여와 실천을 강조해왔는데, 공공신학은 그와 다른 방식의 참여가 가능하다는 것을 보여주기 때문이다.

본서는 이렇게 공공신학을 둘러싼 다양한 이슈와 문제들을 나름대로 분류해서 소개하는 데 초점을 두고 있다. 그리하여 그동안 공공신학에서 논의된 내용과 흐름을 보다 분명하게 드러내서 공공신학에 대한 전체적인 윤곽을 볼 수 있도록 하는 것이 본서의 목적이다. 말하자면, 공공신학의 전체 지형도를 소개하고 각각의 공공신학이 제시하고 있는 의제와 과제 그리고 그 특징을 소개하는 것이 이 책의 기획 의도다.

공공신학의 최신 정보와 다양한 논의를 파악하는 데 가장 좋은 자료는 앞서 언급한 『공공신학 국제 저널』이다. 이 저널에는 전 세계 공공신학자들의 최신 논의들이 담겨있다. 공공신학의 동향과 지형을 파악하는 데 많은 도움을 얻을 수 있다. 특별히 본서에서 많이 사용한 자료는 2011년 독일의 밤베르크대학(Universität Bamberg)에 소재한 공공신학을 위한 본회퍼 센터(Dietrich Bonhoeffer Centre for Public Theology)에서 개최한 컨퍼런스 결과물들이다. 이 컨퍼런스의 내용은 이후에 『공공신학의 맥락성과 상호맥락성』(Contextuality and Intercontextuality *in Public Theology*)이라는 제목으로 출간됐다. 이 책은 공공신학이 형성된 각 지역의 상황과 맥락을 중요하게 다루고, 어떻게 공공신학이 개별적이고 특수한 상황에 적용될 수 있는지를 다뤘다.

당시 컨퍼런스에서 주제 강연을 맡았던 남아프리카공화국의 공공신학자 더키 스미트(Dirkie J. Smit)는 하나의 일관된 개념으로 공공신학을 정의 내리기가 매우 어렵다는 문제의식을 공유하면서 역사적으로 공공신학이 발흥하게 된 배경과 맥락을 소개했다.[5] 그는 공공신학의 기원을 다음과 같이 여섯 개의 서로 다른 이야기로부터 추출했는데 이들의 이야기를 종합한다면 오늘날 공공신학이 하나의 신학적 패러다임으로 작동할 수 있다고 말한다. 그가 제시하는 여섯 개의 이야기는 다음과 같다.

1) 벌거벗은 공론장에서의 신학(Theology in the Naked Public Square)

2) 공적 담론으로서의 신학(Theology as Public Discourse)

3) 신학과 공론장(Theology and Public Sphere)

4) 신학과 공적 투쟁(Theology and Public Struggles)

5) 신학과 글로벌 세계 속에서의 공적 삶(Theology and Public Life in a Global World)

6) 신학과 종교적인 것의 공적 귀환(Theology and the Public Return of the Religious)

---

5   Dirk J. Smit, "The Paradigm of Public Theology? Origins and Development," in *Contextuality and Intercontextuality in Public Theology.* eds., H. Bedford-Strohm, F. Höhne and T. Reitmeier (Münster: Lit Verlag, 2013), 11-23.

스미트의 분석은 공공신학의 개념과 정의를 규범적으로 제시했다기보다는 발생학적 관점에서 전 세계적으로 동시다발적으로 일어난 공공신학의 흐름을 스케치했다는 점에서 중요하다. 학자들마다 공공신학의 개념을 다르게 정의한다면, 그 개념이 어디에서, 어떻게 발생했는지를 역사적으로 추적하는 것은 상당히 흥미로운 작업이 될 것이다. 스미트가 언급한 여섯 가지 기원이 상호작용을 하면서 오늘날 공공신학의 외연을 구성했다고 볼 수 있다. 아쉽게도 그동안 국내에는 그중 몇 가지만 소개되고, 종교사회학이나 종교철학 분야에서도 일부분만 소개되고 있어 공공신학의 조각들을 한데 모아서 파악하기 어려웠다.

물론 스미트가 논문에서 공공신학의 기원과 발전을 여섯 가지로 제시하고 틀을 잡아놓기는 했지만 구체적인 내용을 담아내기보다는 얼개와 밑그림만 그렸기 때문에 실제로 그 내용은 상당히 빈약하다. 이 책의 기획은 스미트가 제시한 기본 틀에 이론적인 설명과 역사적인 사례를 덧붙여 훨씬 더 구체적이고 생동감 넘치는 공공신학을 보여주려는 시도에서 시작했다. 특별히 한국의 상황과 실정에 맞게 기존의 내용에서 축소할 부분은 과감하게 축소하고, 새롭게 추가할 부분은 추가했다.

기독교 윤리학의 중요한 과제 중 하나는 신학의 보편성과 특수성을 동시에 붙잡는 것이며, 기독교가 직면한 현재의 이슈와 문제를 유구한 기독교 전통과 연결하는 것이다. 서구의 민주주의와 시민사회라는 역사적 맥락 속에서 발생한 공공신학 역시 수입 신학이라는 태생적 한계를 갖고 있다. 하지만 세계화 시대를 맞이해 이제는 **그들의 신학**과 **우리의 신학**을 날카롭게 구분하는 것이 불가능해진 것도 사실이다. 그들의 신학적 고민이 곧 우리의 고민이고 앞으로 우리가 직면할 우리의 현실이기도 하다. 세계화 시대에 어떤 지역이든 서로의 영향을 받을 수밖에 없다면 이미 그것은 현재 진행형인 우리의 신학이고 우리의 문제가 될 것이다. 앞으로 전개되는 내용에서도 이런 문제의식이 충분히 반영될 것이다.

1장에서는 그동안 소개된 다양한 공공신학을 전체적으로 스케치하고 중요한 개념과 맥락들을 소개한다. 공공신학에서 말하는 공공성은 어떤 의미이며, 어떤 문제를 가지고 있는지 살펴본다. 공공신학이 지닌 개념적 다원성이 오히려 세계화 시대에 새로운 의미를 생산할 수 있으며, 파편화된 시대에 하나의 의미 있는 목소리로 작용할 수 있다고 주장할 것이다.

이어서 2장부터 7장까지는 스미트가 공공신학의 기원을 여섯 가지로 설명한 것을 하나씩 살펴본다. 2장은 공공신학에 가장 직접적인 영향을 끼친 시민종교에 대한 논의로 시작한다. 시민사회의 등장과 함께 시민종교는 어떤 방식으로 공론장에 등장하게 됐는지를 설명하고, 그리스도인은 어떻게 좋은 시민이 될 수 있는지를 설명한다. 3장에서는 신학이 어떤 방식으로 공론장에 참여할 수 있는지를 복음의 특수성과 보편성의 관점에서 다룬다. 공적 담론에 참여하는 방법론에 대한 논의라 할 수 있다. 4장에서는 하버마스가 제시한 공론장에 대한 이론을 설명하고, 그에 대한 다양한 비판을 소개한다. 종교에 대한 하버마스의 입장이 어떤 방향으로 변했는지를 추적하면서 자연스럽게 종교와 공론장의 관계를 설명한다. 5장에서는 해방신학의 새로운 도약을 설명하면서 공공신학이 해방신학의 문제의식을 적극적으로 수용해야 한다고 주장할 것이다. 여기에서는 기존에 논의된 공공신학의 한계와 함께 새로운 과제를 제시해보도록 하겠다. 6장에서는 오늘날 공공신학자들이 가장 많이 논의하고 있는 주제 중 하나인 세계화에 대해서 다룬다. 세계화에 대한 다양한 신학적 반응을 살펴보고 공공신학이 어떤 방식으로 자신의 존재 방식을 설정해야 하는지 제시한다. 7장에서는 최근 정치학과 인문학에서 자주 회자되고 있는 종교의 귀환에 대한 논의를 다룬다. 롤스와 슈미트의 논의를 통해 새로운 정치신학의 가능성을 모색해보고자 한다. 마지막으로 8장에서는 낸시 프레이저의 삼차원적 정의를 통해 앞으로 공공신학이 어떤 방향으로 나아가야 하는지를 제시하도록 하겠다. 이 부분은 필자가 앞으로 더 연구하고 발전시키고자 하는 새로운 과제의 청사진이기도 하다.

본서의 목적은 단지 공공신학의 전체적인 지형도를 보여주고, 큰 흐름을 소개하는 것에서 그치지 않는다. 나는 다양한 공공신학의 흐름 속에서 오늘날 우리에게 꼭 필요한 공공신학의 방향과 지향점이 있다고 생각한다. 내가 생각하는 공공신학의 지향점은 **'누구를 위한 어떤 공공신학이어야 하는가?'**라는 질문으로 귀결된다. 나는 다양한 공공신학을 소개하면서도 어떤 공공신학이 시대의 요청에 부흥하는 공공신학일지를 계속 고민했다. 공공신학이 다루는 다양한 주제와 이슈들은 상당히 추상적이고 보편적인 학문으로 끝나는 경우가 많다. 구체적인 대상과 인격이 결여된 상태로 신학적 명제와 진술로 규정되는 경우가 많기 때문이다. 하지만 공공신학은 이론이나 사상이기에 앞서 실천이고 윤리다. 다양한 입장과 이념의 갈등 속에서 공공신학은 하나님의 관심과 사랑이 어디에 있는지를 드러내주어야 한다. 불편부당한 중립성을 고수하기보다는 언제나 약자 편에 서서 고아와 과부와 나그네를 돌보시고 그들의 신음 소리를 들으셨던 하나님의 편애하는 사랑을 따라가는 것이 공공신학의 최종적인 지향점이 되어야 한다.

또한 한국 교회는 토의를 통해서 다양한 의견들을 비판, 견제, 혹은 수용하는 절차적 민주주의의 기본원칙을 배워야 한다. 타자와 함께 의견을 조율해가는 성숙한 시민의식도 함양해야 한다. 한국 교회가 사회로부터 손가락질을 받고 욕을 먹는 이유는 '도무지 말이 통하지 않는 집단', '상식적으로 대화할 수 없는 이익집단'으로 낙인이 찍혔기 때문이기도 하다. 공론장에서 교회는 가능하면 모든 사람이 이해할 만한 합리적인 방법으로 신앙의 확신을 표현해야 하고, 이러한 논증이 정합성, 일관성, 논리적 합리성이라는 테스트를 통과해야만 한다. 이것이 공공신학의 대전제다.

하지만 이런 합리적이고 이성적인 담론만으로는 우리 사회의 모순과 왜곡을 온전히 담아낼 수 없다. 정치와 사회가 외면한 목소리를 귀 기울여 들어주고, 목소리를 상실한 이들이 편히 쉴 수 있는 자리를 마련해주는 것, 그들의 목소리를 만들어주고, 그들을 대신해서 목소리를 내주는 것, 이 모든 것이 공공신학의 역할이다.

그럼 이제 본격적으로 공공신학으로 가는 여정을 시작해보겠다. 먼저 공공신학에 대한 개념 정의에서부터 시작해보자.

1

공공신학 다시 정의하기

공공신학은 비교적 최근 학문이어서 그 역사가 매우 짧다. 그러다
보니 아직까지 뚜렷하게 정리된 하나의 입장이나 통일된 신학 체계
를 형성하지 못했다. 여전히 형성 중에 있는 학문이라 할 수 있다.
학자들 사이에서도 끊임없이 공공신학의 정체성과 방법론에 대한
토론이 이어지고 있으며 그로 인한 혼돈과 오해도 많다. 목회자와
실천가들 사이에서는 공공신학이 구체적으로 무엇을 하자는 것인
지 혼란스러워하기도 한다. 이렇게 공공신학의 정체성을 규명하기
어려운 상황에서 더키 스미트는 공공신학이 대략 다음과 같은 문제
의식을 공유하고 있다고 말한다.[1]

• 기독교는 어떻게 공론장에서 자신의 신앙 전통에 따라 모두가
  납득할만하고 이해할 수 있는 수준으로 기독교의 윤리적 본질
  을 선언할 수 있는가?

---

1   Smit, "The Paradigm of Public Theology? Origins and Development," 21-22.

- 교회는 비판적이고 합리적인 담론을 통해 모두가 공유할 수 있는 다양한 공공성을 선포할 수 있는가? 또한 다원화된 사회 속에서 합의를 통해 소수의 의견을 배제하지 않고 민주적 공론장을 발전시킬 수 있는가?
- 기독교 신학은 투쟁의 상황 속에서 자신의 적절한 역할과 정당성을 제시할 수 있는가? 세계화의 도전에 직면해 이와 같은 이슈들을 발전시킬 수 있는가?
- 이러한 다양한 질문에 직면해서 공공신학은 하나의 패러다임으로서 유용하다고 말할 수 있는가?

공공신학은 시대가 요청하는 질문으로부터 시작한 학문이다. 공공신학은 이러이러한 학문이라는 자기 규정에서 시작하기보다는 위와 같은 문제의식으로부터 출발해 나름대로의 해답을 제공하는 신학이라 할 수 있다. 물론 이런 물음들은 서로 다른 방향을 가리키기도 하고 서로 상반된 대답을 제시하기도 한다. 다원주의 사회에서 발생하는 신학적 문제의 다양성만큼 공공신학의 내용도 다원적일 수밖에 없다. 이런 질문들 속에서 신학은 구체적으로 어떤 내용을 제공할 수 있으며, 그 방법론은 어떠해야 하는지 물어야 한다. 그런 점에서 공공신학이 전통적인 교의학의 주제를 포괄적으로 다룰 수 있는지, 성서적 근거를 적절하게 제공할 수 있는지에 대한 논의는 이제 막 시작 단계에 있다.

무엇보다 먼저 해결해야 할 과제는 **공공성**(publicness)이라는 말이 지니고 있는 다양한 함의를 분석하는 것이다. 실제로 공공성이라는 말은 사회학이나 정치학 그리고 행정학과 철학에 이르기까지 광범위한 영역에서 다양한 의미로 사용되고 있다. 공공신학의 개념을 규정하기에 앞서 공공성이 무엇을 뜻하는지 살펴보고, 그것이 어떤 방식으로 사용되고 있는지를 밝히는 것이 중요하다. 그다음에야 비로소 공공신학의 중요한 개념들을 설명할 수 있을 것이다. 이러한 소개는 불가피하게 규범적인 설명을 피하긴 어렵겠지만 그것은 공공신학의 흐름을 소개하기 위한 느슨한 외연일 뿐이다. 공공신학에 대한 규범적 설명이 다양한 공공신학의 필수 요소도 아니고, 그 내용을 모두 담아낼 수도 없기 때문이다.

1. 공공신학에서 말하는 공공성

오늘날 **공공성**이라는 말은 다양한 의미로 사용된다. 지난 몇 년 간 민주주의 담론과 시민사회에 대한 논의 속에서 공공성이라는 말은 널리 사용되는 학술 용어였다. 그만큼 이 대중적인 단어는 여러 차원과 영역에서 다양한 의미로 사용되었고, 이로 말미암아 그 개념과 의미도 모호해졌다.[2] 공공성에 대한 다양한 의미를 간략하게 살펴보면 아래와 같다.

첫째, 일반적으로 **공적**이라는 말은 **사적**이라는 말의 반대말이다. 삶의 한 측면은 분명 사적인 영역이고, 이 영역은 거의 대부분 은밀

---

2   공공성에 대한 일반적인 정의와 개념에 대해서는 조한상, 『공공성이란 무엇인가』 (서울: 책세상, 2009)와 하승우, 『공공성』(서울: 책세상, 2014)을 참고하라.

하고 친밀한 영역들이다. 이 영역은 공공선이나 보편적인 복지와 같이 낯선 타자와는 무관한 영역이기도 하다. 하지만 오늘날 얼마나 많은 사람들이 자신들의 사적인 삶이 공적인 견해 때문에 고통을 받고 있으며, 사적 주장이 공적 의견으로 둔갑해 특정 집단의 이익을 대변하고 있는지를 보면, 공공성이라는 말이 함의하고 있는 모호함을 알 수 있다. 예를 들어, 우리는 개인의 취향이나 선택이 공동체 안에서 무시당하고 모욕당하는 경우를 쉽게 찾을 수 있다. 가정에서 가사일과 육아를 맡고 있는 여성은 직장 생활에 많은 제약이 있는 것도 한 예라 할 수 있다. 반면, 사적 영역과 공적 영역을 구분하지 못해 발생하는 문제도 어렵지 않게 발견할 수 있다. 아마 갑질 문화도 넓게는 이 부분에 해당한다고 할 수 있다.

둘째, 시민들이 **공적인 것**을 지키고 보호해야 한다고 말할 때는 그것이 **국가적인 것**과 반대편에 있다고 생각하는 경향이 있다. 여기서 공공성은 거리 시위라든가 촛불 집회와 같이 광장에서 시민들이 자신들의 공적 의견을 함께 형성하고 표현하는 것을 의미한다. 시민들이 공권력에 반대하여 자신들의 주권과 고유한 권리를 지키고 보호해야 한다는 의미로 사용되는 경우다. 이 경우 공공성은 **공론장**과 연결해서 이해되곤 하는데, 여기서는 국가 정책이나 기조에 대한 저항을 드러낼 수 있는 시민들의 유무형의 공간이라는 암묵적인 가정이 들어 있다. 공적인 논쟁, 공적인 만남, 공적인 투표, 공적인 조직 등 공공성에 기여할 수 있는 수많은 실천들이 여기에 포함된다.[3]

셋째, 역설적이게도 **공적인 것**은 앞선 개념과 정반대의 의미로 사용되기도 하는데, 바로 국가에 대한 책임이라는 의미로 사용되는 경우다. 개인은 국가에 충성·봉사해야 하고, 국가는 이와 관련된 환경을 제공하고 내구성을 강화해야 한다는 의미로 사용되기도 한다. 국가는 공적 서비스, 공중 보건, 공공 교통, 공적 사회복지, 공교육과 같은 것을 유지할 책임이 있다. 오늘날 공공성에 대한 담론이 주로 민영화와 시장화에 대한 대항담론으로 형성될 때, 여기에는 대부분 공공성을 어떤 특정한 속성이나 주체와 연관 지어 논의하는 경향이 있다. 즉 **누가 공공성의 주체인가**를 따져 묻는 것이다. 이 경우 국가에는 공익을 담당해야 할 의무가 있고, 국민들은 공공성을 국가의 책임으로 귀속시키려 한다. 공공성의 담지자는 국가가 되고 거기에 정의라는 가치를 부과한다. 세월호 참사 당시 '도대체 국가는 무엇을 하고 있느냐?'는 비난이 일어났는데, 이때 공공성은 국가가 당연히 해야 할 일을 하지 않았다는 의미로 사용되기도 했다.[4]

이처럼 공공성에 대한 개념은 서로 다른 내용으로 인해 내적 모순을 일으키고 있다. 공공성은 시민들의 자유로운 참여를 통해 국가가 생산하고 주도하는 정책이나 의견에 저항하는 자발적 결사체의 결과물로 이해되기도 하지만, 다른 한편으로는 국가가 제시하는

---

3   Dirkie Smit, "Notions of the Public and Doing Theology," *International Journal of Public Theology* 1:3 (2007), 431-432.

4   하지만 **공공성은 누구의 것인가, 공공성은 누가 지켜야 하는가**라는 질문, 즉 공공성의 주체를 묻는 질문은 상당히 근대적인 공사 구분에 의한 것이라 할 수 있다. 이 부분에 대한 논의로는 남찬섭, "공공성과 인정의 정치, 그리고 돌봄의 윤리", 『한국사회』(2012) 13.1을 참고하라.

특정한 이데올로기를 정당화하는 이념적 선전도구로 이용되기도 한다. 또한 공공성을 단순히 공공의 이익을 위한 공통의 가치나 공동선으로만 이해할 경우, 그것은 미리 상정한 가치를 대변하는 체계로 이해될 수도 있다. 이 경우 공공성을 도출하는 과정이나 절차에 집중하기보다 특정 공동체의 가치나 이념을 미리 전제하고 사회를 통합시키려는 시도로 오용되기도 한다.

앞선 논의를 정리해서 공공성의 일반적인 성격을 서술하자면, 그것은 시민들이 어떠한 협박이나 강제로부터 벗어나 서로 비판적인 논의를 주고받을 수 있는 공적 삶이자 함께 여론을 만드는 과정 혹은 그 과정 속에서 자연스럽게 도출되는 어떤 것이라 할 수 있다. 시민들의 자발적인 참여를 통해 공적 삶과 사회의 가치를 함께 만들고 지켜나가는 것이다. 그리고 이러한 공적 삶을 위한 투쟁은 건강한 시민사회를 위해 반드시 필요한 과정이고, 더 나아가 민주주의 사회를 위한 건강한 토대이자 지표가 된다.[5]

공공신학을 연구하는 신학자들에게도 공공성은 다양한 방식으로 전유되고 있다. 일반적으로 공공신학에서 말하는 공공성은 복음, 교회, 신학이 보편적이고 일반적인 영역인 공적 삶과 관련이 있다는 의미로 사용된다. 신학은 창조, 역사, 문화, 사회, 인류 전체를 포괄한다. 세상 속에 있는 교회의 위치와 부르심에 대한 이러한 보편적 인식은 전통적으로 다양한 신학적 주제와 이슈를 불러일으켰

---

5   Smit, "Notions of the Public and Doing Theology," 436-437.

다. 이는 교회의 증언과 공적 역할 그리고 공적 삶과 관련된 다양한 물음이다. 따라서 공공신학은 **공적 삶 속에서 교회의 위치와 사회적 형식** 그리고 **사회 속에서 교회의 역할**을 주로 다룬다.[6] 이러한 세 가지 주제들은 전통적으로 매우 중요한 신학적 이슈들이었고, 이 모든 형식이 공공신학에서 다룰 수 있는 것들이다.

교회는 항상 사회와 정치라는 환경으로부터 초연하게 떨어지려 하면서도 실제로는 내적으로 긴밀하게 연결되어 있었다. 한 지역교회의 교인은 자신이 속한 교회의 일원이면서 동시에 지역사회의 구성원이자 한 국가의 시민으로 존재한다. 인간의 다양한 존재 양식과 사회적 멤버십은 교차적으로 구성될 수밖에 없다. 따라서 교회는 자신이 원하든 원하지 않든 항상 세상 안에 존재하며 세상의 한 부분으로 존재한다. 그럼으로써 교회는 자신이 알든 모르든 다양하고 복잡한 방식으로 공적 삶에 영향을 미치고 있다.[7] 이런 의미에서 교회는 처음부터 공적인 삶에 관여했다고 할 수 있고, 공공신학은 세상과 사회 속에서 교회의 역할과 위치에 대한 연구라 할 수 있다.

하지만 이런 방식으로 공공신학을 정의하면 그 성격이 모호해지고 구체적으로 손에 잡히질 않는다. 공공신학을 단순히 교회와 세상의 상호 관계를 연구하는 것으로 규정하거나 신학은 항상 대중을 상대로 공적인 가치를 추구해야 한다고 말하면, 그것이 정치신학이나 기독교 윤리 혹은 기독교 세계관과 어떻게 다른지 모를 수 있다.

---

6   Smit, "Notions of the Public and Doing Theology," 438-439.

7   Smit, "Notions of the Public and Doing Theology," 439.

공공신학이 다루고 있는 주제와 소재는 그보다는 훨씬 실제적인 인식을 제공해야 한다. 프레데리케 반 오르호트(Frederike van Oorschot)는 각각의 상황 속에서 전개된 공공신학의 발생 조건으로 사회의 **다원화**와 **세속화**에 대한 경험 그리고 **민주주의**에 대한 정치적 조건을 꼽는다.[8] 공공신학은 특정한 조건과 맥락 속에서 발생한 신학이다. 공공신학은 민주주의를 위해 투쟁했던 해방신학과도 다르고, 세속 국가의 이데올로기와 싸웠던 정치신학과도 그 맥락이 다르다. 공공신학은 기본적으로 민주주의라는 정치사회적 조건 속에서 교회가 공적 삶에 어떻게 관여하고 영향을 끼치는지를 연구한다. 그리고 그 속에서 자기 정체성을 어떻게 형성하는지를 탐구한다. 무엇보다 교회가 다원화와 세속화의 흐름 속에서 어떻게 공적 삶을 형성해야 하는지에 관심을 기울인다.

미국과 유럽 그리고 남아공과 호주에서는 점점 공적 영역에서 종교의 자리가 축소되고, 교회의 자리는 사적 영역으로 후퇴했다. 이러한 사회 분위기는 신학자들에게 심각한 위협으로 다가왔다. 세계화와 다원주의에 직면한 교회는 전통적인 신앙의 양식들이 개인적이고 내면적인 차원으로 붕괴되는 경험을 했고, 이러한 상황 속에서 기독교는 어떤 방식으로든 대응을 해야 했다. 여기서 공공신학이 하나의 설명 체계를 제공해준 것이다.[9]

---

8   Frederike van Oorschot, "Public Theology facing Globalization," in *Contextuality and Intercontextuality in Public Theology*, 227.

9   William Storrar, "2007: A Kairos Moment for Public Theology," *International*

또한 공공신학은 민주주의 사회 속에서 신학이 어떻게 건설적이면서 비판적으로 참여할 수 있는지를 다룬다. 특별히 이러한 논의는 비교적 최근에 민주화를 경험한 남아공과 브라질에서 진지하게 다루고 있는 공공신학의 사회정치적 조건이다. 절차적 민주주의와 다양한 공론장을 통한 여론 수렴, 협치와 토론을 중시하는 민주주의는 교회의 사회참여 방식을 근본적으로 다시 생각하게 만들었고, 새로운 사회적 조건 속에서 교회의 역할이 무엇인지 고민하게 만들었다.

이러한 사회적 조건 속에서 공공신학은 크게 다음과 같은 세 가지 특징을 공유하고 있다.[10] **첫째, 공공신학은 모든 사람이 지적으로 동의하고 인지할 수 있는 보편성을 가지고 있어야 한다.** 즉, 신학의 언어는 내부자끼리만 소통할 수 있는 게토화된 문법이 아닌 모든 사람이 접근할 수 있고 합리적으로 이해할 수 있는 언어로 표현되어야 한다. 공공신학이 제기하는 아젠다는 타종교와 시민사회 속에서도 충분히 소통 가능하고, 이들이 인식할 수 있도록 합리성과 보편성을 담보해야 한다. **둘째, 공공신학은 신앙의 사사화와 개인주의에 반대하고, 성도의 삶이 교회 내적 윤리로 환원되는 것을 반대한다.** 공공신학은 사회와 문화 속에 내재된 공동적인 것(the common)에 관심을 기울인다. 예를 들어 공공신학은 특정한 권력이나 기관에 의해서 사회적 재화가 독점되거나 지배받는 것을 거부하고, 공정한 부의 분배와 복지제도에 관심을 기울인다. 그리스도인들의 소

Journal of Public Theology 1.1 (2007): 5-25.

10   Oorschot, "Public Theology facing Globalization," 228-229.

명은 타자와 세상을 향한 책임으로 확장되어야 하고, 궁극적으로는 하나님의 정의와 평화가 이 땅에서도 이루어지도록 적극적으로 세상에 참여하는 것으로 성취된다. **셋째, 공공신학은 사회참여의 당위성을 넘어 그 방법의 정당성을 진지하게 고민한다.** 민주주의 사회는 자유롭고 평등한 시민들의 자발적인 의사소통을 통해 여론을 수렴하고 공동체의 공적 의사를 결정한다. 공공신학은 이러한 공론장의 규범적이고 합리적인 소통 과정에 참여하기 위해 민주주의의 질서와 원리를 존중한다. 따라서 교회는 국가나 사회를 향해 일방적인 방식으로 자신들의 목소리를 내세우지 않고, 혁명적이고 전복적인 방식으로 사회변혁을 꾀하지도 않는다.

2. 공공신학의 통일성과 다양성

일반 학문에서 공공성 개념이 다양하게 사용된 것처럼 공공신학 안에서도 공공성은 다양하게 전유됐다. 따라서 공공신학에 대한 단일한 의미나 권위 있는 개념 규정은 존재하지 않으며, 공공신학으로 향하는 단일한 규범적 접근도 존재하지 않는다. 서로 다른 신학자들과 기관에서 자기 나름대로 공공신학은 어떠해야 한다고 선언적으로 주장할 뿐이다. 그렇기 때문에 이들의 주장은 서로 다른 점들을 포함하고 있고, 때로는 서로 대립하는 것처럼 보이기도 한다. 스미트는 공공신학이 오늘날 다양한 맥락에서 발생한 상황신학과 어떤 점이 같은지 혹은 다른지를 고민하면서 다음과 같은 질문을 던진다.

> 그렇다면 우리는 이러한 상황신학 역시 공공신학의 한 형식이
> 라고 할 수 있을까? 그렇다면 공공신학이라는 말은 마치 모든
> 것을 포괄하는 우산과 같은 용어인가(umbrella term)? 공공신학
> 은 신앙과 공적 삶의 관계를 설명하는 모든 상황적인 시도들을
> 발생적으로 기술하는 용어인가? 이러한 적용이 지나치게 포괄
> 적이라면 공공신학이라는 용어를 사용할 때, 우리가 피해야 할
> 것들은 무엇인가? 공공신학은 민주주의적 담론이라는 어떤 특
> 별한 조건이 충족되고 이를 설명하는 기술적인 용어와 관련해
> 서만 사용되어야 하는가? 공공신학의 기원과 발전에 대한 이야
> 기의 한 부분으로 이러한 투쟁과 관련된 논의들은 포함될 수
> 있는가, 아니면 배제되어야 하는가?[11]

사실 이런 질문은 모두 공공신학의 정체성이나 개념 규정과 관련
이 있지만, 실제로는 어느 하나의 성질이나 특징으로 공공신학을 규
정하기 어렵기 때문에 발생하는 자연스러운 질문이다. 만약 공공신학
이 다양한 사람에게 다양한 방식으로 받아들여진다면, 어떻게 그들
은 공공신학이 관여하고자 하는 것이 무엇인지 결정할 수 있을까?
이것은 매우 흥미로운 질문이면서 대답하기 어려운 질문이다. 이

---

11   Smit, "The Paradigm of Public Theology? Origins and Development," 17.

질문에 대한 사회학자들의 대답은 유용한 통찰력을 제공해준다. 신학자들이 공공신학의 어떤 특별한 형식을 취하게 될 때, 이는 특정한 사회적 근거라든가 그들이 처한 사회 구성체로서의 상황, 맥락 등이 작용한다. 연구자의 사회적 지위는 신학이 작동할 때 어떤 특별한 것을 강조하기 위한 선택적 친화성을 만든다. 신학자들은 공공성에 대한 자신들의 특정한 견해를 선택하게 되고, 자연스럽게 이는 사회학적으로 기술되고 연구될 수 있는 근거 위에서 공공신학에 접근하게 한다.[12] 이러한 관점들이 왜 서로 다른 신자들과 교회들이 같은 조건 속에서 그리고 동일한 역사적·사회적 환경 속에서 서로 다른 공공신학을 실현하는지를 말해준다. 따라서 다양한 공공신학의 구체적인 내용과 지향점을 이해하기 위해서는 각각의 공공신학이 어떤 맥락과 사회적·사상적 흐름 속에서 등장했는지를 함께 연구하는 것이 필요하다. 이 책에서 공공신학을 소개하면서 정치사회적 맥락을 자주 언급한 이유도 여기에 있다. 현대사회 속에서 신학의 공공성과 교회의 사회적 책임을 구체적으로 설명하기 위해서는 여러 학문의 도움을 받아야 한다. 공공신학은 기본적으로 학제 간 연구를 지향한다.

한국 기독교는 그동안 공적인 가치를 외면한 채 사적인 신앙에 함몰되었으며, 공공선에 관심을 갖지 못했다는 비판을 내외부적으로 많이 들었다. 이런 비판과 자성의 목소리는 복음의 가치가 확장되어

12　물론 이와 반대로 공공성에 대한 개념을 선택함에 있어 그들의 신학적 관점(신앙적인 확신)이 작용할 수도 있다.

야 한다는 의미에서는 유효하다. 하지만 아쉽게도 구체적으로 시민 사회에서 복음이 어떻게 작용해야 하는지에 대해서는 특별한 언급이나 연구가 많지 않았다. 한국 교회는 복음의 메시지를 세속 사회 속에서 녹여내려 할 때, 합리적인 절차와 과정을 어떻게 밟아나가야 할지 몰랐다. 공론장의 엄중한 비판의 무게를 견디면서 어떻게 적용 혹은 접촉되어야 하는지에 대해서 전혀 알지 못했던 것이다. 기독교의 메시지가 사회과학적 분석과 정치철학의 도움을 받아야 하는 이유가 여기에 있다. 구약성서 속 예언자들의 준엄한 심판과 회복의 메시지는 이제 현대 사회를 예리하게 분석하고 연구한 사회과학자들과 인문학자들의 도움을 통해서 입체적으로 기술되어야 한다.

앞서 언급했듯 공공신학에서 다루는 이슈도 제각각이고, 구체적으로 어떤 방법론을 사용해서 어떻게 문제를 해결하겠다는 것인지 여전히 합의된 내용이 없다. 어쩌면 공공신학이 "도대체 무엇이냐?"라는 물음에 제대로 답할 수 없다는 것이 공공신학의 가장 큰 약점인지도 모르겠다. 스미트가 자조 섞인 목소리로 결론을 내리듯 공공신학에서 말하는 공공성은 "더 이상 단일한 의미로 사용될 수 없고, 다양한 방식으로 각각의 차이를 드러낼 수밖에" 없다.[13] 하지만 반대로 이런 약점이 또 다른 강점으로 작용할 수도 있다. 지금 우리에게 필요한 것은 다양한 상황에서, 다양한 목소리를, 다양한 방식으로 다룰 수 있는 기술과 능력이다. 그래서 스미트는 공공성과 공공

---

13   Smit, "Notions of the Public and Doing Theology," 437.

신학의 개념에 대한 **다원성·다양성·모호성**이 오히려 우리에게 서로 다른 상황 속에서 자신의 목소리를 제시할 수 있는 기회가 될 수도 있다고 말한다.[14] 앞으로 구체적으로 소개할 공공신학의 흐름과 내용도 이러한 전제 아래서 전개할 것이다.

우리는 공공신학의 공공성이 함의하고 있는 내포적 의미가 다양하기 때문에 이를 다소 느슨하게 정의하거나 그 성격을 얇게 기술할 수밖에 없다. 공공신학이 의미하는 공공성을 지나치게 하나의 의미로 환원시킬 경우 배제될 수 있는 의미의 영역이 너무 많기 때문이다. 하지만 헤더 톰슨(Heather Thomson)은 이렇게 공공신학이 말하고 있는 공공성의 의미를 지나치게 느슨하게 정의할 경우 상당히 다양한 유형의 사회적 형태를 공공신학의 이름으로 정당화하거나 용인할 수 있다고 경고한다. 예를 들어 노예제도, 나치즘, 남아공의 아파르트헤이트 정책과 같은 사회적 사건들이 신학의 이름으로 정당화될 소지가 있고, 이러한 명백한 역사적 과오들이 공공성을 증진한다는 이유로 승인될 수도 있다.[15]

톰슨은 그동안 다양하게 제시되었던 공공신학에 대한 정의가 필요조건만을 제시했을 뿐 충분조건은 만족시키지 못했다고 말한다. 다시 말해 대부분 공공신학의 성격과 특징을 규정하는 논의들은 특정한 방식으로 자신들의 신학이 고착화되는 것을 우려해 최소 필

---

14   Smit, "Notions of the Public and Doing Theology," 449-454.

15   Heather Thomson, "Stars and Compasses: Hermeneutical Guides for Public Theology," *International Journal of Public Theology* 2.3 (2008), 259.

요조건만을 제시했고, 그러다 보니 자연스럽게 신학자들이 공공신학에 대한 형식적 틀만 제시하는데 그쳤다는 것이다. 이렇게 될 경우, 공공의 선을 증진하고 도모하기 위해 시작한 공공신학이 역설적으로 앞에서 예를 든 것처럼 폭력적이고 반역사적인 내용으로 채워질 수 있다. 따라서 톰슨은 이제 공공신학에 대한 소극적인 개념 규정을 넘어 적극적으로 그 내용을 제시할 필요가 있다고 말한다. 물론 그 내용이 자칫 편협하고 특정한 신학적 아젠다에 함몰되거나 특정한 교파 신학에 휘둘릴 수 있다는 위험이 존재한다. 그럼에도 공공신학의 잘못된 오용과 그로 인한 폭력적인 결과를 막기 위해서는 구체적인 내용을 채워 넣을 필요가 있다.[16]

톰슨이 제시한 공공신학의 충분조건은 그동안 기독교 역사가 만들어낸 각각의 신학 전통과 예전 그리고 그 속에서 배양된 신앙 습성과 성서 해석이다. 공공신학이 가지고 있는 형식적이고 규범적인 틀을 통해 최소한의 필요조건을 확보하면서도, 각각의 신학 전통이 만들어낸 사회윤리적 특징을 통해 충분조건을 보충하자는 것이다.[17] 예를 들어, 아나뱁티스트 전통에 서 있는 신앙공동체는 **회복적 정의**라든가 **급진적 평화와 용서**에 대한 내용을 보다 적극적으로 자신들의 공공신학의 아젠다로 상정할 수 있다. 개혁파 신학 전통에 있는 그룹은 **하나님의 형상론**이라든가 **문화 명령**에 근거해서 청지기 윤리를 발전시킬 수 있다. 이를 통해 자기들만의 고유한 공공

---

16 Thomson, "Stars and Compasses: Hermeneutical Guides for Public Theology," 265.

17 Thomson, "Stars and Compasses: Hermeneutical Guides for Public Theology," 276.

신학을 만들어 내는 것이다. 이렇게 될 때, 공공신학은 진정한 의미에서 공적 **신학**이 될 것이다.[18]

기독교 신학은 근대화 이후 자신들의 목소리가 주변부로 밀려난 상황을 담담히 받아들여야 한다. 오히려 지금과 같은 포스트모던 시대에는 다원성과 파편화가 새로운 도전과 가능성을 보여줄 수도 있다. 오늘날과 같이 다양한 파편들이 각자의 진리 주장을 하는 상황에서 기독교 전통과 신학은 인간의 기원과 사회의 의미를 밝혀줄 수 있는 새로운 기초가 될 수 있다. 조개 속에서 진주가 되는 모래알처럼 기독교 신학은 새로운 파편으로 기존의 질서에 틈을 내고 깨트리는 자극제가 될 수 있다. 파편화된 시대에 신학은 바르멘 선언과 같이 독일의 나치주의에 저항하는 강력한 신학적 선언이 될 수도 있으며, 때로는 소크라테스적 질문처럼 세속 사회에 새로운 질문과 사유를 이끌어내는 이야기나 비유가 될 수도 있다. 세계화 시대에 신학은 단 하나의 이야기나 단 하나의 교리로 기술될 필요가 없다. 채석장에서 우리는 다양한 빛깔의 보석을 발견하기도 하고 이름 모를 광석을 발견하기도 할 것이다. 공적 논쟁에서 신학적 파편은 어떤 방식으로 어떻게 새로운 진리 체계를 만들어낼지 알 수 없다. 다만 그 파편은 그 자체로 빛을 내면서 다른 광물과 섞이기도 하고 때론 깨트리기도 하면서 자신의 역할을 다할 것이다.[19]

---

18   Thomson, "Stars and Compasses: Hermeneutical Guides for Public Theology," 276.

19   던컨 포레스터, "신학과 공공정책: 권력에 대한 솔직한 대화," 리처드 아스머·프리드리히 슈바이처 엮음, 『공적신앙과 실천신학』, 연세기독교교육학포럼 역 (서울: 대한기독교서회, 2005), 286-289.

2

첫 번째 길: 시민종교와 벌거벗은 공론장

기독교는 그동안 다양한 방식으로 보편적인 공적 삶 속에서 자신의 진리를 증언했고, 자신의 존재 양식을 정당화했다. 그럼에도 그것이 정교하고 세밀하게 신학적 틀을 갖추게 된 것은 사회주의와 동구권의 몰락 이후, 전 세계적으로 민주화 운동이 일어나면서 **시민사회** (civil society)라는 자발적인 시민들의 연합체와 공론장이 형성되면서부터였다. 시민사회의 등장은 교회의 사회참여 방식을 근본적으로 재고하게 만들었다. 국가와 개인 그리고 시장의 중간 영역에 존재하는 시민사회는 견제와 감시를 통해, 사회의 각 영역들이 자신의 임무에 충실하고 서로의 영역을 존중하면서 동시에 상호 견제할 수 있는 사회적 자본과 같은 역할을 한다. 이러한 시대적 변화 속에서 공공신학은 기존의 기독교 사회윤리, 정치신학, 혹은 기독교 세계관 운동과 비슷한 내용 및 주제를 다루면서도 교회와 국가, 개인과 국가라는 정형화된 도식에서 벗어나 공적이고 사회적인 삶의 영역을 집중적으로 다룬다.

공공신학을 형성한 다양한 물줄기 가운데 첫 번째로 살펴볼 것은 미국에서 주로 논의되고 있는 **시민종교**(civil religion) 전통이다. 시민종교는 루소의 『사회 계약론』에서 처음 등장한 용어인데, 그는 국가의 통합과 단결을 도모하기 위해선 그 밑바탕에 시민종교가 있어야 한다고 말했다. 그 후 시민종교에 대한 논의는 다시 미국에서 로버트 벨라에 의해 더욱 정교하게 다듬어 졌고, 현대 사회를 설명하는 중요한 개념이 되었다. 오늘날 공공신학은 시민종교의 전통 위에서 시민 사회와의 관계를 진지하게 고민한다. 더 나아가 단순히 공론장에서 기독교가 어떤 방식으로 참여하고 관계를 맺어야 하는지를 성찰하는 데 그치지 않고, 사람들에게 어떤 시민적 품성과 가치를 전달해야 하는지를 고민하기도 한다. 이제 시민종교를 통해 공공신학으로 가는 첫 번째 길을 탐구해보자.

1. 시민사회 속 시민종교

일반적으로 공공신학의 기원은 1960년대 로버트 벨라(Robert N. Bellah)에 의해 시작된 시민종교에서 찾는다. 벨라의 연구에 따르면 미국의 시민종교는 교회로부터 완전히 분리되어 독립적으로 존재하는 것이 아니라 교회와 나란히 존재해왔다. 이는 미국 대중들의 경험을 통해 가시화되었고, 미국의 제도와 조직을 발전시키는 데 큰 역할을 했다. 시민종교는 오늘날 **미국적 삶의 방식**(the American Way of Life)이라 불리는 전체 구성체에 종교적 차원을 제공해주었다. 미국적인 가치를 공유하고, 기독교에 적극적으로 동조하거나 거부하지도 않으면서 어떤 신념체계와 상징, 의례를 은밀하게 만들어 주었다.[1] 벨라는 케네디 대통령의 취임 연설문을 그 예로 제시한다. 케네디는 연설문에서 하나님(God)이라는 단어를 총 세 번 사용했는데, 이는 특정 종교의 신을 지칭하는 것이 아니라 모든 국민이 평범하게 수용할 수 있는 보편적 의식이나 정서였다고 볼 수 있다. 하나님께 맹세를 한다고는 하지만, 그것은 특정 종교의 신앙을 반영한 것이 아니라 미국 국민에게 일종의 "텅 빈 기호"(empty sign)로 작용하는 껍질이었다.[2] 시민종교에 대한 벨라의 연구는 이후에 다양한 방식으로 적용되고 공공신학을 논의하는 중요한 시발점으로 작용했다.

시민사회에서 종교는 두 가지 방향으로 영향력을 행사할 수 있다. 첫째는 공적 영역에서 다양한 종교 기관이나 조직이 정부의 잘못된 정책이나 탈선에 도전하면서 직접적인 역할을 수행하는 것이다. 둘째는 종교가 다양한 방식으로 정치적인 활동을 하면서 사회적이고 정치적인 실천을 수행하고 격려함으로 **사회적 자본**(Social Capital)을 증진하는 방식으로 기여하는 것이다.[3]

데메래스(N. J. Demerath III)에 따르면 시민사회는 두 가지 의미를 가지고 있는데, 먼저는 본래 의미대로 사회의 다양한 구조나 영역을 기

---

1   Robert N. Bellah, "Civil religion in America," *Daedalus* 134.4 (2005), 40.

2   Bellah, "Civil religion in America," 40.

3   N. J. Demerath III, "Civil Society and Civil Religion as Mutually Dependent," in *Handbook of the Sociology of Religion*, ed., Michele Dillon (Cambridge University Press, 2003), 348.

술하는 용어로 국가나 정부로부터 분리된 사회 운동이나 자발적 결사체 혹은 중간 조직과 같은 분류를 말하는 것이다. 여기에는 이웃 간의 모임이나 커뮤니티, 연합체나 종교 단체 같은 것들이 포함된다. 하지만 시민사회는 시민성 혹은 시민적 덕이라고 불리는 어떤 시민 다운 사회적 속성을 가리키는 말이기도 하다. 여기에는 일반적으로 자유주의의 중요한 요소라고 불리는 상호 신뢰, 존경, 관용과 같은 덕이 포함된다. 이것은 민주주의를 이끌고 유지하기 위한 시민성과 성품을 말한다.[4] 많은 학자들이 미국에서 문화전쟁의 공포가 지나치게 확산된 이유를 규명하면서 그 원인을 미국의 시민적 덕이 상실된 것에서 찾고 있다.[5]

하버드 대학의 공공 정책 교수인 로버트 D. 퍼트넘(Robert D. Putnam)은 『나 홀로 볼링』에서 오늘날 미국 사회가 사회적 네트워크의 쇠퇴와 해체를 경험하고 있다고 분석했다.[6] 저자는 책 제목이 시사하는 것처럼 볼링을 치는 인구는 늘어나는데, 이상하게 함께 볼링을 치는 사람은 줄어든다고 말한다. 베이비붐 세대 이후, 미국 시민의 사회 참여가 활성화되고 참여 민주주의에 대한 기대가 고조되면서 시민들의 다양한 사회적 활동은 전망이 밝아 보였다. 그런데 이런 기대와 달리

4　Demerath III, "Civil Society and Civil Religion as Mutually Dependent," 349-350.

5　데메래스는 다음 학자들의 예로 제시한다. Jean L. Cohen and Andrew Arato, *Civil Society and Political Theory* (MA: MIT Press, 1992); Mary Ann Glendon and David Blankenhorn, *Seedbeds of Virtue: Sources of Competence, Character, and Citizenship in American Society* (WA: Madison Books, 1995).

6　로버트 D. 퍼트넘, 『나 홀로 볼링』, 정승현 옮김(서울: 페이퍼로드, 2009).

오히려 미국 내에서 시민들의 사회 참여는 쇠퇴하고, 시민단체들은 점점 힘을 잃어 버렸다. 그는 여러 가지 통계 자료를 제시하면서 1960년 대 이후 미국 시민사회의 다양한 조직과 활동이 감소하고 위축되었다고 진단한다. 퍼트넘은 그 이유를 여러 가지로 제시하는데, "과도한 노동 시간, 교외 지역으로의 주거지 확장, 복지국가, 여성혁명, 인종주의, 텔레비전, 잦은 이사, 이혼율의 증가 등"을 제시한다.[7] 이러한 그의 분석은 1995년 클린턴 대통령의 연설문에 언급되면서 사회적 파장을 일으켰고, 시민의 참여를 독려하는 계기가 되기도 했다.

한편 퍼트넘은 미국의 사회 변화 양상을 사회적 자본이라는 개념을 통해 분석한다. 그가 강조하는 사회적 자본이란 "개인들 사이의 연계, 그리고 이로부터 발생하는 사회적 네트워크, 호혜성과 신뢰의 규범을 가리키는" 개념어다.[8] 이 이론은 사회적 네트워크에 중요한 가치를 부여하는 것으로 네트워크가 개인과 집단에 가져다주는 생산성에 주목한다. 사회적 자본은 시민적 품성과 밀접하게 연관되고 이는 상부상조하는 사회 구성원들의 네트워크 속에서 힘을 발휘한다. 여기서 시민적 품성은 단지 개인의 도덕적 품성이라기보다는 이웃과 공동체를 돌보고 책임지는 행위 가운데 발현되는 사회적 품성을 말한다. 즉 시민적 품성이 뛰어나다 하더라도 개인들이 서로 연결되지 못하고 파편화, 원자화되어 있다면, 그 사회는 사회적 자본이

---

7   퍼트넘, 『나 홀로 볼링』, 36.

8   퍼트넘, 『나 홀로 볼링』, 17.

풍부하지 않다는 것이다. 퍼트넘이 제시하는 사회적 자본의 한 예는 함께 볼링을 쳤다는 사실만으로 신장 기증을 받게 된 램버트의 사례를 통해 구체화된다.

> 1997년 10월 29일 이전까지 존 램버트와 앤디 보쉬마는 미시간주 입시란티의 볼링장에서 동네 볼링 리그를 통해서만 서로 아는 사이에 불과했다. … 64세의 램버트는 신장 이식수술 대기자 명단에 이름을 올려놓고 3년째 기다리고 있었다. 우연히 램버트의 딱한 처지를 들은 33세의 회계사 보쉬마는 그를 찾아가 자기 신장 한쪽을 기증하겠다고 했다. … 그들이 함께 모여 볼링을 쳤다는 사실이 세대와 인종의 차이를 뛰어넘게 했던 것이다.[9]

가슴 뭉클한 이 예화는 클럽이나 동호회 혹은 종교 단체와 같은 시민들의 자발적인 결사체가 사회적 자본으로 중요한 역할을 한다는 사실을 보여준다. 이런 시민들의 참여와 호혜성은 국가가 제공하지 못하는 영역까지 손을 뻗쳐서 새로운 형태의 공공성을 제공하고 그들의 공동체를 변화시킨다. 특별히 퍼트넘은 미국 사회에서 종교 단체들이 중요한 역할을 하고 있다고 말한다. 실제로 매주 예배를 드리는 신앙 공동체는 그 어떠한 시민단체보다도 가장 크고 집중적으로 사회참여의 동기를 부여받을 수 있는 모임이다. 지역 교회

---

9   퍼트넘, 『나 홀로 볼링』, 37-38.

는 다른 시민 조직에 참여하는 데 필요한 대인 기술을 배우고, 사람들이 서로 교섭하고 신뢰하는 방법을 배우는 곳이다. 로버트 우스나우(Robert Wuthnow)는 불우한 젊은이들이 직업을 구하고 마약이나 범죄 활동에 개입하지 않도록 돕는 데 결정적인 역할을 한 것은 다름 아닌 **그들 주변에 교회 다니는 이웃이 얼마나 있느냐** 하는 것이었다고 한다.[10]

하지만 데메래스는 퍼트넘의 분석이 오늘날에도 여전히 적용될 수 있는지 묻는다. 퍼트넘은 과거 주류 개신교가 시민성을 확장시키는 데 기여를 했지만, 최근에는 보수적인 복음주의자들이 사회의 주류를 형성하면서 그런 시민성이 크게 위축됐다고 분석한다. 이에 대해 데메래스는 퍼트넘이 미국의 민주주의 정신이 쇠퇴하는 것과 보수적인 종교의 증가를 너무 단순하게 연결 지었다고 지적한다. 최근에는 보수 복음주의자들이 미국의 민주주의 정신과 관용의 정신을 의외로 잘 실현하고 있기 때문이다.[11] 볼프 역시 최근에 보수주의 기독교 지도자들이 자신의 깊은 신앙과 신념에 근거해서 민주주의적 관용과 상호 신뢰를 긍정한다고 말한다.[12]

극단적인 근본주의자들을 제외한다면, 그들은 가족의 가치라든가 전통적인 도덕성을 강조하기 위해 개인주의를 강조하게 되는데,

10   로버트 우스노우, 『기독교와 시민 사회』, 정재영·이승훈 옮김(서울: CLC, 2014), 41.

11   Demerath III, "Civil Society and Civil Religion as Mutually Dependent," 351-352.

12   미로슬라브 볼프, 『인간의 번영』, 양혜원 옮김(서울: IVP, 2017), 196-199.

이것이 미국의 시민사회의 한 부분을 형성하고 있다는 사실을 부인하기 어렵다. 문제는 시민성이라는 개념이 고정적이거나 절대적인 방식으로 규정되는 것이 아니라 상당히 복잡하게 사회적인 맥락에 따라 구성된다는 점이다. 특별히 시민성이라는 개념은 사회의 승자들에 의해 일종의 헤게모니적 코드가 내재화됨으로써 그 사회의 지배적인 계급, 인종, 성에 의해서 그 내용이 결정되곤 한다.[13]

시민사회는 안정적이고 평화로운 사회 질서를 유지하기 위해 제도적인 차원에서 어떤 구조적 희망을 제공해야 한다. 데메래스는 그걸 바로 **시민종교**라고 부른다. 이 시민종교는 그 사회의 대부분의 구성원이 공동으로 믿고 있는 종교라든가, 역사 속에서 형성된 반복적인 의례 혹은 민족성을 신성화한 것이다.[14] 시민사회의 다양한 협회와 운동 그리고 기관들은 시민성의 이익을 성공적으로 조율하기 위해 어느 정도 서로 공유할 문화적 태도를 요구한다.

시민종교가 효과적으로 자신의 역량을 발휘하기 위해선 시민사회의 힘을 잘 활용할 필요가 있다. 시민종교 역시 조직적인 차원에서 효과적인 강화, 동원, 구현을 필요로 하는데, 만약 시민종교가 이러한 시민사회의 특징을 파악하지 못한다면 그것은 그저 과거에 대한 향수로 전락하고 말 것이다. 사회 기반 시설로 조정된 시민사회의 도움을 받지 못하는 시민종교는 행동을 개시할 때 아무도 그 소

---

13   Demerath III, "Civil Society and Civil Religion as Mutually Dependent," 352.

14   Demerath III, "Civil Society and Civil Religion as Mutually Dependent," 353.

리에 귀 기울이지 않게 될 것이다.[15]

이렇게 시민사회와 시민종교는 서로를 필요로 하는 공생관계다. 시민종교는 시민의 마음속에 내재된 열정과 에너지를 사회적 열망으로 모아주는 역할을 한다. 시민사회는 이런 속성을 잘 활용할 필요가 있다. 시민종교가 자유주의 정치 체제 속에서도 여전히 그 현상을 유지할 수 있는 이유가 바로 여기에 있다. 시민사회는 단순한 합의 구조나 잘 갖춰진 절차에 의해서 움직이는 것이 아니라, 실제로는 시민들의 손과 발을 움직이게 만드는 종교적 열망에 의해 움직이기 때문이다.

마틴 마티(Martin Marty)는 미국의 대표적인 기독교 윤리학자 라인홀드 니버(Reinhold Neibuhr)의 신학을 연구한 논문에서 시민종교의 한 형식으로 공공신학(public theology)이라는 말을 처음으로 사용했다. 몇 년 후에 그는 『공적교회』(Public Church)라는 책을 통해 미국의 공적인 삶 속에 교회가 어떤 역할을 했는지 설명했다.[16] 마티가 보기에 니버와 그의 뒤를 이어 등장한 마틴 루터 킹 목사(Martin Luther King Jr.)는 공공신학의 모델을 제시한 공적신학자였다. 이들은 자신의 독특한 신앙 전통에 따라서 성서와 역사, 그리고 철학적인 관점을 미국 대중에게 제공함으로 일종의 행동 지침과 전거를 만들어주었다. 실

---

15 Demerath III, "Civil Society and Civil Religion as Mutually Dependent," 357.

16 Martin E. Marty, "Reinhold Niebuhr: public theology and the American experience," *The Journal of Religion* (1974), 332-359; Idem, *The Public Church: Mainline, Evangelical, Catholic* (New York: Crossroad, 1981).

제로 마틴 루터 킹 목사의 민권 운동은 순수하게 자신의 종교적인 열망에서 비롯된 것이지만, 그것이 나중에는 자신의 정치적 활동으로까지 이어졌다.[17]

2. 벌거벗은 공론장

리처드 존 뉴하우스(Richard John Neuhaus)는 종교와 정치적인 삶 사이에 어떤 분리의 장벽이 존재한다는 기존의 통념이 무너지고, **벌거벗은 공론장**(naked public square)이 시민종교의 중요한 특징이 되었다고 말한다. 그리고 이런 벌거벗은 공론장이 이후에 전개될 공공신학의 기원과 발전에 중요한 토대가 되었다고 말한다. 오늘날 미국의 공공신학자들은 공론장의 변화에 대한 인식을 바탕으로 신학이 어떻게 공적 이슈와 논쟁에 기여할 수 있는지를 계속해서 질문하고 고민하고 있다.[18]

---

17 Smit, "The Paradigm of Public Theology? Origins and Development," 12. 스미트는 니버가 이후 세대에게 "공공신학을 위한 하나의 패러다임"을 제공했다고 평가한다. 라인홀드 니버는 정치적 현실주의를 주장한 학자로 미국 정치사에서도 중요하게 다뤄지고 있고, 마틴 루터 킹 목사 역시 미국의 민권 운동에서 중요한 인물로 언급되고 있다.

18 Richard John Neuhaus, *The Naked Public Square: Religion and Democracy in America* (Wm. B. Eerdmans Publishing, 1986), 특별히 2장을 보라. 이들은 조나단 에드워즈(Jonathan Edwards), 아브라함 카이퍼(Abraham Kuyper), 월터 라우셴부쉬(Walter Rauschenbusch)와 같은 신학자에게 영감을 받아 공공신학을 전개하고 있다.

벌거벗은 공론장은 뉴하우스가 미국 내에서 종교 담론이 공공정책과 공론장에서 배제되고 있는 현상을 설명하기 위해 사용한 비유다.[19] 뉴하우스는 공론장이 도덕적으로 빈 공간으로 남아있으면 안 된다고 생각했다. 권력은 빈 공간을 견디지 못할 테고, 그러면 종교적 신념이 빠져나간 공간에 새로운 의미들이 채워질 것이기 때문이다. 뉴하우스는 종교를 굉장히 포괄적인 의미로 사용하는데, 그것은 "우리가 보통 종교적이라고 부르는 그러한 생각과 활동 그리고 태도를 포함하는 것이 아니라, 우리가 믿는 것이 궁극적으로 진리이고 중요하다고 생각하고 행동하고 존중하는 상호작용"을 가리킨다.[20] 결국 뉴하우스가 말하는 종교란 일종의 세계관과 같은 것이다. 흔히 미국이 상당히 종교적이라고 말할 때, 그것은 어떤 가치 평가를 담고 있는 말이 아니다. 그보다는 일반적으로 미국인들이 종교적인 언어와 의미들을 일상적으로 사용하고 있다는 말이다.

뉴하우스가 주장하는 것은 이제 종교가 새로운 방식으로 공론장과 관계를 맺어야 한다는 것이다. 그는 특정한 종교적 견해나 주장이 아무런 여과 장치 없이 공론장에 등장하면 상당히 위험하다고 말한다. 이제는 근대적 자유주의가 제시하는 규칙과 법에 따라 종교가 번역되어야 한다. 그리고 미국은 바로 이런 종교의 새로운 의미 부여와 순화된 권위를 간절히 요청하고 있다.

---

19   Neuhaus, *The Naked Public Square: Religion and Democracy in America*, vii.

20   Neuhaus, *The Naked Public Square: Religion and Democracy in America*, 27.

뉴하우스는 유럽에서 개신교가 어떻게 근대적 자유주의와 조우할 수 있었는지를 역사적으로 추적하면서 존 로크(John Locke)의 종교적 관용을 언급한다. 로크는 근대적 합리성과 종교적 관용이 서로 만날 수 있다고 생각했고, 이러한 그의 생각은 미국을 건국한 이들의 생각에 큰 영향을 미쳤다. 그런데 19세기에 이르면 미국에서 이런 자유주의 종교는 근본주의로 무장한 주류 개신교 교회에 의해서 다른 방향으로 선회하고 만다. 뉴하우스는 국가를 구속해야 한다는 구호가 만연해지면서 미국의 근대적 자유주의가 도구화되었다고 진단한다.[21] 자유주의의 도구화는 높은 이상과 덕을 추구하기보다 개인의 관심사나 욕구만을 만족시키는 사회를 구성했다. 도구주의자들의 자유는 어떤 목적을 위한 자유가 아니라 그냥 자유 그 자체가 목적이었던 것이다. 자연스럽게 도구주의는 도덕 담론을 개인의 관심사로 모두 환원시켜 버렸다. 개인의 도덕 판단은 단지 개인의 취향이나 선호도에 따라서 결정되고, 공적 논의는 모두 이런 관심사에 대한 담론 투쟁으로만 확산되었다. 어떤 규범적 진리가 인정될 수 있는 가능성은 부인되고, 어떠한 외부적인 기준도 공적인 정책 판단에 끼어들 수 없게 됐다.[22]

이렇게 도구화된 근대적 자유주의로는 민주주의와 인간의 권리를 지킬 수 없다는 것이 뉴하우스의 주장이다.[23] 이런 방식으로 개

---

21 Neuhaus, *The Naked Public Square: Religion and Democracy in America*, 235

22 Neuhaus, *The Naked Public Square: Religion and Democracy in America*, 179.

인의 관심사가 충돌하는 공론장으로는 사회가 당면한 다양한 문제를 해결할 수 없기 때문이다. 국가가 당면한 문제를 해결하기 위해서는 옳음과 그름, 정의와 평등, 공정성 같은 근원적 물음에 답을 제시할 수 있어야 한다.[24] 뉴하우스가 이루고자 하는 목표는 분명하다. 미국의 민주주의를 회복하는 것이다. 그런데 그러기 위해서는 종교의 역할이 중요하다고 봤다. 종교는 공론장에 도덕적 감수성과 에너지를 불어넣을 수 있는 가장 좋은 도구이자 수단이 될 수 있다. 여기서 **도구**라는 말이 중요한데, 뉴하우스는 종교가 특정 종교에 소속된 사람들의 사회적 이슈를 만족시키는 방식으로 공론장에 진입해서는 안 되고, 많은 사람들의 공감을 얻은 보편적이면서도 초월적인 의제를 제공하는 방식으로 사용되어야 한다고 말한다. 따라서 시민종교가 정치 질서를 유지하는 것에 우선적으로 관심을 두지 않는다면 그것은 위험한 것이 되고 만다.

재미있게도 뉴하우스는 미국에서 새롭게 부상하고 있는 기독교 우파의 정치 참여와 활동을 긍정적으로 바라본다. 근본주의자들의 정치적 야망에 동의하거나 그들의 활동이 성공하기를 기대하는 것이 아니라, 그들의 활동을 통해 소강상태에 접어든 미국의 민주주의가 회복되기를 기대하는 것이다.[25] 기독교 근본주의자들은 자신들이 의도한 것은 아닐지라도, 그들의 서투른 정치 참여가 미국의

---

23   Neuhaus, *The Naked Public Square: Religion and Democracy in America*, 153.

24   Neuhaus, *The Naked Public Square: Religion and Democracy in America*, 110-111.

25   Neuhaus, *The Naked Public Square: Religion and Democracy in America*, 177.

잠자는 공론장에 충격을 주고 있다. 하지만 만약에 기독교 우파가 공론장의 규칙과 합의 기준을 지키지 않는다면 자신의 의제를 효과적으로 형성할 수 없을 것이다. 민주주의의 핵심은 다른 의견을 가진 이들과 타협하고 합의를 이루는 것인데, 근본주의자들이 이러한 타협에 적극적으로 가담하지 않는다면 자연스럽게 공론장에서 버티기 힘들 것이기 때문이다.

오늘날 공론장은 새로운 시민성을 요청하고 있다. 뉴하우스는 종교를 기반으로 한 가치와 도덕이 공론장에 적극적으로 개입하기를 원한다. 다만 그 가치가 종교 공동체뿐만 아니라 종교를 가지고 있지 않은 이들까지 이해하고 수용할 수 있는 언어로 번역되기를 바라는 것이다.[26] 나중에 살펴보겠지만 이러한 뉴하우스의 주장은 데이비드 트레이시나 위르겐 하버마스가 공론장에서 종교에 거는 기대와 유사하다.

3. 민주화 이후 한국의 시민종교

오늘날의 민주주의를 설명하기 위해서는 한 국가에서 시민사회가 어떻게 발생하고 전개되고 있는지를 살피는 것이 필수적이다. 서구에서는 시민사회가 먼저 조직된 이후에 국가의 제반 시설들이 정비된

---

26   Neuhaus, *The Naked Public Square: Religion and Democracy in America*, 125.

역사를 가지고 있지만, 한국의 경우 시민사회에 대한 담론은 비교적 최근에 회자되고 있는 개념이라 그 의미가 다소 모호하고 애매하다. 한국의 민주주의와 시민운동 사이의 관계를 연구한 최장집은 노무현 정부 이후 한국의 시민사회 운동은 그 규모와 대중적 기반이 축소되었다고 평가한다.[27] 뉴하우스가 분석한 것처럼 한국 역시 민주화 이후 공론장은 모든 이들에게 개방되고 공개되면서 과거와 같이 단일한 운동 주체가 정치적 영향력을 형성할 수 없게 되었다. 그러면서 과거의 운동권 인사들이 민주화 이후 정치적으로는 집권세력으로 흡수됐다. 자연스럽게 공론장의 주체가 큰 변화를 겪게 되는데, "민주화운동의 중심 세력이 주도하는 운동은 상당 정도로 탈동원화된 반면, 보수적인 사회운동은 뚜렷하게 활성화되었다."[28] 공론장에 참여하는 세력이 점차 보수화되는 현상은 미국과 비슷한 양상으로 전개되고 있다. 과거 진보적인 교회들이 차지했던 자리를 이제는 대형교회들이 차지하면서 대규모의 정치집회를 펼치는 현상이 두드러졌다. 한국 기독교는 어떻게 다시 공론장에 재등장하게 된 것일까?

근대성의 위기와 더불어 사람들은 오히려 종교를 통해 자신의 행위의 원인과 의미를 찾고자 했다. 하지만 이제는 종교적 세계관 자체가 파편화되었기 때문에 그 속에서 공적 의미를 찾기란 쉽지 않

---

27 최장집, 『민중에서 시민으로』(경기: 돌베개, 2009), 83-84. 물론 이러한 분석은 세월호 사건과 박근혜 탄핵 이후 그대로 적용되기는 어려울 것이다. 하지만 보수 세력의 결집이 꾸준하게 증가하고 있다는 최장집의 분석은 여전히 유효하다.

28 최장집, 『민중에서 시민으로』, 83-84.

다. 그럼에도 시민들은 삶의 의미를 찾아야 할 필요가 있었고, 그 과정에서 종교가 다시 요청된 것이다. 한국도 상황이 다르지 않았다. 다만, 한국의 근대화는 서구와 다른 독특한 특징이 몇 가지 있다. 서구의 근대화는 기본적으로 탈기독교화이고, 이것을 세속화라고 불렀다. 한국의 경우에는 서구화와 근대화 그리고 자본주의를 기독교와 엮어서 하나의 패키지로 받아들였다. 근대화를 곧 기독교화로 본 것이다. 물론 기독교가 기본적으로 이런 측면을 가지고 있는 것은 사실이다. 기독교가 미신과 전근대적인 문화를 타파하는 역할을 했기 때문이다.

보통 1987년 이후 한국은 형식적이면서도 절차적인 민주주의 체제를 만들었다고 말한다. 이후에 시민사회와 공론장이 열리게 된다. 누구나 정치적 발언을 자유롭게 할 수 있고, 정치에 참여할 수 있게 된 것이다. 기독교도 이 시기에 적극적으로 정치에 참여하고 자신들의 입장을 자유롭게 발언했다. 이 당시 정치 참여를 주도했던 분들의 인터뷰를 살펴보면, 그동안 자기들이 신학적으로 한계에 부딪치고, 정치도 신앙의 중요한 영역이라는 사실을 깨달았다고 고백한다.[29]

종교가 공적으로 재등장하게 된 또 다른 이유는 90년대로 넘어가면서 교회성장이 정체됐기 때문이다. 민주화와 동시에 대중문화가 발전했는데, 교회는 자신의 지분을 대중문화에게 뺏겼다는 위

---

[29] 김지방 기자가 쓴 『정치교회』(서울: 교양인, 2007)를 보면 이런 내용의 인터뷰가 많이 나온다. 이 시기는 기윤실, 경실련, 손봉호와 같은 활동가들이 영향력을 행사하던 시기인데, 이 모든 것이 공론장이 열렸기 때문에 가능한 일이었다.

기의식을 갖게 됐다. 교회의 성도가 줄어들고, 사회적으로도 교회의 역할과 위상이 줄어들었다고 판단한 것이다.[30] 개신교는 교세 감소의 원인을 외부에서 찾았는데, 우리 사회가 정치적으로는 좌경화되고, 동성애와 소수자들의 인권 문제가 부각되면서 사람들이 교회에서 빠져나가기 시작했다고 판단한 것이다. 교회는 싸워야 할 적을 구체적으로 지명함으로써 자신의 정체성을 확고히 만들어갔다.[31] 그러나 교회와 세상의 날카로운 이분법을 선명하게 드러내면 낼수록 기독교는 공적 가치와 공적 영역에서 점점 후퇴하는 모습을 보일 수밖에 없었다.

엎친 데 덮친 격으로 통일교에서 당을 만들면서 정치계에 종교시장이 발생하게 됐다. 이제는 각 종교마다 자신의 역량을 과시해 스스로 살아남아야 한다는 부담이 생긴 것이다. 전도도 해야 하는데, 거기에 더불어 직접적으로 정치 참여를 해야 한다고 생각하니 개신교 내부에서는 위기감이 고조될 수밖에 없다. 이때부터 개신교는 종교정책에 대해서 계속 딴지를 걸기 시작했다. 대부분의 종교문화 자본은 불교가 가지고 있었기 때문에 개신교 쪽은 자신들이 상대적으로 불이익을 받고 있다고 생각했다. 한기총은 권위주의 정권의 비호 아래 만들어진 기관으로 엄청난 동원력을 가지고 있었기 때문에 여론을 만들 수 있는 힘을 가지고 있었고, 정치인들의 텃밭으로 기능을

---

30   김진호, 『시민 K, 교회를 나가다』(서울: 현암사, 2012), 141.
31   김진호, 『시민 K, 교회를 나가다』, 249-251.

했다. 기독자유당 역시 이러한 맥락에서 탄생한 정당이라 할 수 있다.

하지만 이렇게 직접적으로 정치 로비를 하면 할수록 개신교의 이미지는 더욱 하락했다. 복음전도의 방식이나 타자를 대상화하는 태도가 문제였다. 대중의 문화 수준과 의식에 전혀 귀 기울이지 않고 시대착오적 발상이나 비상식적인 행동으로 오히려 사회 문제를 일으키는 존재가 된 것이다. 이로써 개신교의 박탈감은 점점 더 깊어지게 되고, 그래서 더 강한 발언을 하게 된 것인지도 모른다.

한국 교회는 전도가 안 되는 이유와 성장이 지체되는 원인을 외부에서 찾았다. 문제의 원인을 전적으로 외부로 돌리고, 하나로 묶어서 프레임을 만들어버렸다. 그리고 여기에 세속주의라는 이름을 붙였다. 기독교의 위기를 문화사상적 위협으로 본 것이다. 선과 악의 싸움으로 보는 것이다. 제임스 헌터(James D. Hunter)가 분석한 문화전쟁 프레임과 유사하다.[32] 포스트모더니즘, 페미니즘, 이슬람, 종북 세력이 모두 하나의 세력이라고 보는 것이다. 좌파들의 해방운동이 전 세계를 지배하고, 지금 한국을 휩쓸고 있다고 해석하기 시작했다. 보수언론이나 대형교회 목사들은 비슷한 이야기들을 계속 재생산하고, 사실 관계를 왜곡해 하나의 내러티브를 만들어낸다. 이런 과정이 반복되면 사회적 기억 자체가 왜곡된다.

결국 한국 교회의 문제는 민주주의가 중요하게 여기는 공공성과 시민성을 제대로 학습하고 체화하지 못했다는 결론으로 귀결된

32　James Davison Hunter, *Culture wars: The struggle to control the family, art, education, law, and politics in America* (Basic Books, 1992).

다. 타자를 이해하고 수용할 수 있는 감수성, 사회적 고통에 민감하게 반응하고 감싸 안을 수 있는 공감능력, 자신과 생각이 다른 이들과 대화를 나누고 서로 의견을 조율하면서 사회적 연대를 이끌 수 있는 마음의 습관을 전혀 학습하지 않은 것이다. 우리는 파커 파머(Parker J. Palmer)를 통해 한국 교회가 어떻게 공공성을 함양할 수 있는지 배울 수 있다. 지금 한국 교회에 필요한 것은 공공성을 배양할 수 있는 마음의 습관이다.

4. 마음의 습관을 형성하는 종교

최근 민주주의의 형식적 요소가 강화되고 있음에도 정치는 점점 더 불평등을 강화하고, 자신과 다른 견해를 적대시하는 경향도 증가하는 것처럼 보인다. 심의 민주주의로는 뭔가 부족한 것 같다고 생각하는 것이다. 개인의 자유와 권리를 근거로 정치 원리를 설명하는 자유주의는 개인에게 공동체를 위한 헌신과 열망을 어떻게 이끌어낼지 고심하고 있다. 즉 개인의 권리만을 중요하게 생각하는 현대의 시민들에게 어떻게 선한 삶, 좋은 삶, 공동선을 위한 열망을 이끌어내고 이들을 광장으로 소환시킬지를 고민하고 있다.

시민사회의 고민 역시 마찬가지다. 자유로운 개인이 어떻게 공공성에 관심을 갖게 하고, 적극적으로 공동체 활동에 참여하도록 할 것인가는 시민사회의 큰 고민이다. **어떻게 자유로운 개인이 자신의**

이익이나 욕구를 상대화하면서 사회 전체의 이익과 공공성을 추구하도록 만드는가가 시민사회의 기본적인 고민이자 궁극적인 목표라고 할 수 있다. 이는 자유로운 개인이 어떻게 그 자유를 더 높은 가치를 실현하는 수단으로 사용할 수 있을 것인가에 대한 물음이다. 여기서 중요한 개념으로 등장하는 것이 바로 **시민성, 시민의 덕, 시민참여**와 같은 것이다.

알렉시 드 토크빌(Alexis de Tocqueville)은 민주주의가 요구하는 **마음의 습관**(habit of the heart)을 시민들이 세대를 넘어 발전시키지 못한다면 미국의 민주주의는 실패할 것이라고 내다봤다. 마음의 습관이란 다양한 경험을 받아들이고 해석하고 반응하는 유형으로 사람들 안에 깊이 배어 있는 어떤 것인데, 여기서 말하는 경험에는 지성, 감정, 자기 이미지 그리고 의미와 목적 등이 포함된다. 파커 파머는 『비통한 자들을 위한 정치학』에서 이런 마음의 습관이 언제나 정치의 동력이었고 내적인 힘의 근원이었다고 주장한다.

> 어떤 민주주의든 그것이 살아남는 데 근간이 되는 '마음의 습관'을 키워야 합니다. 제가 '창조적으로 긴장을 끌어안기'라고 부른 마음의 습관 말입니다. 우리 안의 차이를 생명을 불러일으키는 방향으로 끌어안는 법을 배울 때 갈등이 민주주의의 적이 아니라, 민주주의의 엔진으로서 보다 나은 사회의 가능성으로 우리를 계속 이끌어간다는 것을 배우게 됩니다. 어디에서 그런 마음의 습관을 배울 수 있을까요? 다시 한번 말씀드리건대 답은 가까

이 있습니다. 가족, 동네, 교실, 일터, 종교 공동체 또는 다른 자발적 결사체 등에서 마음의 습관을 가르치고 배울 수 있습니다.[33]

그런데 파커는 이러한 민주주의를 향한 열망과 힘은 "마음이 부서지는 경험을 통해 증폭되고 분출"된다고 말한다.[34] 이 마음은 동의(agree)보다 공감(sympathy)을 요청하고, 합의(consensus)보다는 연대(solidarity)를 배양하는 곳이다. 하지만 어떤 종류의 힘이 생성되는가는 마음이 어떻게 깨지느냐에 달려 있다. 부서져 흩어지는(broken apart) 대신 부서져 열리도록(broken open) 하는 탄력성은 오로지 마음의 민주적인 습관의 실행을 통해서만 생겨난다. 자아와 세계에 관한 지식을 온 마음으로 붙든다면 마음은 때로 상실, 실패, 좌절, 배신 또는 죽음 등으로 인해 부서질 것이다. 그때 우리 안에 그리고 우리 주변의 세계에 무엇이 일어나는가는 우리의 마음이 어떻게 부서지느냐에 달려 있다는 말이다. 만일 그것이 수천 개의 조각으로 부서져 흩어진다면 결국에는 분노, 우울, 이탈에 이르겠지만, 마음이 복합성과 모순을 끌어안는 위대한 능력으로 깨져서 열린다면, 그 결과는 새로운 삶으로 이어진다는 것이다. 마음이 부서져 열린 사람들이 정치의 주축을 이룬다면, 평등하고 정의롭고 자비로운 세계를 위해 차이를 창조적으로 끌어안고, 힘을 용기 있게 사용할 수 있다는 것이다.

---

33 파커 J. 파머, 『비통한 자들을 위한 정치학』, 김찬호 옮김(서울: 글항아리, 2012), 17-18.

34 파머, 『비통한 자들을 위한 정치학』, 66.

이어서 파머는 마음의 습관이 의식적이고 의도적으로 배양되는 장소로 학교, 대학, 종교 공동체를 들고 있다. 이러한 모임과 조직을 통해 시민을 형성하는 기능이 어떻게 회복될 수 있는지 제시한다. 그리스도인들은 정치 및 다른 공공 활동에서 적극적인 참여자가 될 수 있다. 그러나 그런 참여가 기독교나 시민사회에 대해서 본질적으로 선한 것은 아니다. 많은 것들이 참여의 방법, 특히 이 참여가 시민적인지, 신뢰와 시민의 책임감에 근거하고 있는지에 달려 있다. 이치에 맞지 않거나 불법적이고 무례하고 당파적인 공적 참여는 시민사회를 건강하게 활성화시키는 것이 아니라 오히려 열정주의에 빠져 잘못된 선택과 판단을 하게 만든다. 기독교 역사에서 이런 오점은 늘 존재해왔다.

> 장로교 목사인 폴 힐은 1994년 7월에 낙태 수술을 한 의사와 의사의 경호원을 살해하고 체포되어 유죄 선고를 받았다. 플로리다 교도소에서 기자와의 인터뷰에서 힐 목사는 "하나님 말씀의 설교자로서 행한 것"이었다고 말했다. 실제로 그는 십 년 넘게 플로리다의 여러 장로교회에서 설교를 하는 동안 누군가를 죽일 생각을 가지고 있었다. 자신의 행위를 설명하면서 그는 "행함이 없는 믿음은 죽은 것이며 … 나는 항상 행하는 사람이었다"라고 말했다. 특히 기자가 힐 목사에게 처형에 임해서 어떤 양심의 가책을 느꼈는지 물었을 때 그는 "내가 살든지 죽든지 그리스도께서 항상 나로 인해 찬양을 받으실 것이라고 확신한다"라고 대답했다.[35]

극단적인 사례 같지만 위와 같은 생각을 가지고 있는 극우 기독교가 우리 주변에도 적지 않다. 시민사회가 요구하는 합법적인 절차와 도덕적 보편성을 무시한 종교는 이미 사회에서 그 기능을 상실하고 지탄을 받을 수밖에 없다. 결국 그리스도인들이 시민다울 수 있는 조건은 자신들의 최선의 가치들도 부패할 수 있다는 사실을 인정하고 사회의 제도적 안정장치를 통해 자신의 종교적 신념을 겸손하게 주장하는 경우에 한해서다.

시민사회는 다양성과 복합성을 그 특징으로 한다. 그런데 우리는 다양성에 직면할 때 본능적으로 긴장한다. 그 결과로 불편함, 불신, 긴장, 폭력, 심지어 전쟁이 일어나기도 한다. 그래서 차이를 회피하는 다양한 전략을 개발한다. 같은 부류끼리만 어울리기, 낯선 자를 내쫓거나 주변화하기, 심지어는 악마화하거나 합법적인 방법으로 낯선 이들을 제거하기 등. 이는 모두 두려움에 근거한 반동적 행동이다. 타자에 대한 뿌리 깊은 두려움이 관심의 대상으로 수면 위에 떠오르지 않고 다뤄지지 않은 채 방치된다면, 다양성은 공동체의 기능을 마비시킬 것이다. 존중, 인내, 개방성, 희망을 갖고 차이를 끌어안을 때에만 다양성은 유익을 가져다준다. 차이에서 오는 긴장을 피하지 않고 적극적으로 관여하려 할 때 시민의 능력이 확장된다.

이처럼 강한 민주주의를 만들기 위해서는 시민성과 공공선을 증진시켜야 한다. 단지 타인에게 피해를 입히지 않고 정직하게 자신의

---

35   Petra Brown, "Bonhoeffer, Schmitt, and the state of exception," *Pacifica* 26.3 (2013), 259.

의무를 다하는 약한 시민권으로는 민주주의가 발전하지 못한다. 아니 오히려 그런 선량한 시민들 때문에 히틀러라고 하는 괴물이 나왔다고 말하는 이들이 있을 정도다. 그럼 우리는 어떻게 강한 시민권을 주장하면서 동시에 공공선을 강화할 수 있을까? 파커가 제시하는 구체적인 행동 지침은 두 가지다. **뻔뻔스러움**과 **겸손함**.

> 뻔뻔스러움이란 나에게 표출할 의견이 있고 그것을 발언할 권리가 있음을 아는 것이다. 겸손함이란 내가 아는 진리가 언제나 부분적이고 전혀 진리가 아닐 수도 있음을 받아들이는 것이다.[36]

사실 이 두 가지 행동 양식이야말로 민주 시민으로서의 자질이라 할 수 있다. 누구나 당당하게 자신의 목소리를 공적인 자리에서 발언할 수 있어야 하며, 타자의 목소리를 경청해줄 줄 아는 태도, 그리고 동시에 내 의견이 언제든지 틀릴 수 있기 때문에 적절하게 타협할 줄 아는 관용과 기술이 필요하다.

파커는 민주주의를 제대로 구현하기 위해서도, 사적 영역을 지키기 위해서도 공적 영역을 건강하게 유지하는 것이 매우 중요하다고 말한다. 근대 이후 사람들은 사적 영역을 지키고 보호하는 데에만 열중했다. 그 결과 공적 영역은 텅 빈 공간이 되어버렸고, 그 틈을 타 독재자와 쇼핑몰이 그 자리를 빼앗아갔다. 그렇게 공적 영역을

36　파머, 『비통한 자들을 위한 정치학』, 92.

권위주의와 소비주의의 지배에 빼앗기고 나면 결국 사적인 삶도 제대로 영위하기 어렵다.[37] 공적 영역에 무관심했던 대가를 치르는 것이다.

앞으로 정치철학의 중요한 의제는 민주주의 체제 속에서 어떻게 인간이 가지고 있는 내면의 질서와 충성, 열망, 헌신과 같은 가치를 발현할 수 있는지에 집중될 것이다. 테러의 위협, 국가적 재난, 공감 능력을 상실한 이들의 폭력 앞에서 우리는 과연 자신의 울타리를 넘어 공적 공간으로 나갈 수 있을까? "실현될 가능성이 아주 낮아도 공공선을 증언하라는 용기의 부름에 충실"할 수 있을까?[38] 파커는 이 충실함만이 우리의 희망이라고 말한다.

얼마나 건강한 공적 공간을 만들고 있는지, 얼마나 성숙한 시민의식을 함양하고 있는지, 얼마나 타자의 삶을 책임 있게 돌보고 있는지, 이 물음에 어떻게 대답하느냐가 그 사회의 공공성을 체크할 수 있는 중요한 기준이 될 것이다. 시민 개개인의 안정과 평안을 위해서도 공적 영역은 결코 방치해서는 안 된다. 우리의 무책임과 방관은 부메랑이 되어 다시 개인의 자유를 억압하고 위협하는 무기가 될 것이다. 따라서 시민사회 속에서 공공신학은 낯선 이들을 환대하고 그들과 함께 공적 의제를 풀어나갈 수 있는 포용의 공간이자 시민성을 함양하는 이론적 기초가 되어야 한다. 무엇보다 비통한

---

37 파머, 『비통한 자들을 위한 정치학』, 164.

38 파머, 『비통한 자들을 위한 정치학』, 300.

자들 편에 서서 그들이 자신의 목소리로 공론장에 설 수 있도록 길을 열어주고 공간을 창조하는 역할을 해야 한다. 신학이 우리 사회의 가장 약한 자의 목소리를 대변하고 공감해 줄 때, 시민사회는 종교에 희망을 걸고 새로운 가치를 함께 만드는 동반자로 인식하게 될 것이다.

3

두 번째 길: 공적 담론으로서의 신학

전통적으로 기독교 사회윤리의 과제는 복음이 가지고 있는 특수성과 보편성을 적절하게 설명해내는 것이었다. 어느 하나를 배제하지 않으면서 이 둘을 설득력 있게 설명하는 것은 기독교 윤리의 고전적이면서도 현대적인 관심사다. 최근에는 **공적 담론 속에서 종교의 역할은 무엇인지**에 대한 물음이 제기되면서 이 주제가 다시 뜨거운 이슈로 부각되기 시작했다. 기독교 신학이 가지고 있는 복음의 독특성과 신학의 전통을 훼손하지 않으면서 세상과 소통할 수 있고, 기독교의 진리를 대중들에게 합리적으로 제시하는 것이 공공신학의 가장 중요한 과제 가운데 하나다.[1] 기독교 복음이 **사적**이지 않고 **공적**이라는 말은 그것이 모두를 향해 개방되어 있으며 세상을 향한 하나님의 사랑과 관심에 복음이 적극 참여해야 함을 의미한다. 반면 공공신학이 말하는 복음의 공공성은 특수한 상황과 맥락 속에서 구체적으로 적용 가능하고 기독교 전통에 뿌리를 내리고 고유한

---

[1]   John W. de Gruchy, "Public theology as Christian witness: Exploring the genre," *International Journal of Public Theology* 1.1 (2007), 39.

내적 논리를 가지고 있어야 한다. 이 둘을 동시에 강조하는 것이 쉽지 않기 때문에 많은 학자들이 이 문제로 고민하고 있다.

공공신학이 풀어야 할 핵심 논쟁을 질문으로 정리해보면 다음과 같다.

- 기독교 복음은 자신의 고유한 전통과 신앙의 언어를 상실하면서까지 세상과의 소통과 보편성을 추구해야 할까?
- 세상의 언어로 번역된 복음, 즉 세속적인 언어로 전환된 증언을 굳이 기독교 신앙이라고 말해야 할까?
- 세상을 위한, 세상을 향한 복음은 어떤 언어로, 어떤 방식으로 세상과 소통해야 할까?

결코 쉽지 않은 질문들이다.

복음이 소통과 번역의 과정을 거쳐야 한다면, 이 과정에서 자신이 속해 있는 특수한 종교 전통과 거기에서 중요하게 여겨지는 실천은 비판적이고 분석적인 학문의 장으로 편입되기 위해 추상적인 단계로 축약되거나 축소될 위험에 처한다. 이는 전통적으로 자유주의 신학자들이 취해온 방식이다. 반면, 교회의 전통과 성서의 내러티브를 중요하게 생각하는 신학자들은 자신이 속한 신앙 공동체의 위탁으로부터 벗어나 이를 추상화하는 것은 오히려 자신의 신앙 공동체에 대해 정직하지도 않고 비판적인 태도도 아니라고 본다. 더 나아가 이는 학문의 영역에서도 정직하지 못한 태도일 수 있다.[2] 결국 공공신학의 과제는 **기독교 신앙과 윤리적 지침들이 교회 공동체의 가르침과 전통을 외면하지 않으면서도 어떻게 보편적인 담론 속에 편입될 수 있느냐**로 귀결된다.

복음의 보편성과 특수성 중 무엇을 강조하느냐에 따라 공공신학에 대한 이해와 접근 방식이 선명하게 나뉜다. 나이젤 비거(Nigel Biggar)에 따르면, 오늘날 기독교 윤리는 두 개의 경쟁하는 생각들로 갈등을 일으키고 있다. 한쪽에는 성서와 전통적인 기독교의 도덕적 사유를 매우 진지하게 받아들이는 이들이 있다. 이들은 세상의 문화와 정치에 소극적인 태도를 보이고 오히려 교회 안에서 새로운 대안을 만들고 기독교 고유의 가치와 도덕성을 고양시켜야 한다고 주장한다. 반면, 다른 한쪽에는 성서에 대한 강조와 신학적 진지함이 다소 부족하지만 교회 밖 세상을 향해 적극적으로 활동하고 개입하려는 입장이 있다. 비거는 전자의 예로 신학자 칼 바르트(Karl Barth)와 그를 따르는 신학자를 들고, 후자의 예로 1980년대 이후 영국 교회에서 출간된 *Faith in the City*와 *Changing Britain*을 든다.[3] 니코 쿠프만(Nico Koopman)은 이와 유사하게 미국의 신학을 나누는 두 가지 기준,

---

2   Nico Koopman, "Contemporary Public Theology in the United States and South Africa," in *Freedom's Distant Shores: American Protestants and Post-Colonial Alliances with Africa*, ed. R. Drew Smith (Waco, Texas: Baylor University Press, 2006), 216-217.

3   Nigel Biggar, *Behaving in Public: How to Do Christian Ethics* (Grand Rapids: Eerdmans, 2011), xvii.

즉 해석학적 신학을 강조하는 시카고학파와 성서 내러티브를 강조하는 예일학파를 통해 공공신학의 성격을 설명하기도 한다.[4]

이번 장에서는 복음의 보편성을 강조하는 데이비드 트레이시(David Tracy)와 맥스 스택하우스(Max L. Stackhouse)의 주장과 복음의 특수성을 강조하는 스탠리 하우어워스(Stanley Hauerwas)의 논의를 살펴보도록 하겠다. 일반적으로 복음의 보편성과 합리성을 강조하는 것이 공공신학의 주요 흐름이지만 하우어워스의 논의를 통해 그동안 공공신학이 간과했던 요소를 보충할 수 있다. 하지만 하우어워스의 공동체주의 윤리학은 시민사회와 공적 영역에서 방어적인 태도를 취하기 때문에 이를 극복하기 위해서는 새로운 담론 모델이 필요하다. 결론적으로 필자는 칼 바르트와 스탠리 하우어워스의 신학 방법론에 깊이 공감하면서도 교회의 공적 증언을 적극적으로 제시한 나이젤 비거의 설명을 통해 기독교의 공적 담론이 어떤 방식으로 전개되어야 하는지를 살펴보도록 하겠다.

1. 복음의 보편성을 강조하는 공공신학

마티가 공공신학이라는 용어를 사용한 시점과 거의 비슷하게 시카고에서는 데이비드 트레이시가 한 잡지에 "공적 담론으로서의 신

---

4   Koopman, "Contemporary Public Theology in the United States and South Africa," 211-212.

학"(Theology as Public Discourse)이라는 글을 게재했다.[5] 이 글에서 트레이시는 마티와는 전혀 다른 방식으로 공공신학을 이야기한다. 트레이시는 신학이 다른 학문과 어떤 방식으로 연결되고 대화할 수 있는지를 질문했고, 신학이 어떤 의미에서 공적 담론에 기여할 수 있는지를 탐구했다. 그가 밝히고자 한 것은 **단순히 공적인 삶 속에서 신학이 어떤 윤리적인 기여를 할 수 있는가**가 아니었다. 그는 그보다 더 근본적으로 **신학이 어떤 의미에서 학문의 조건과 본질을 만족시킬 수 있는지**를 물었다. 다시 말해, 신학이 공적인 담론 속에서 충분히 이성적이고 합리적으로 수용될 수 있는지를 물은 것이다. 그가 내린 대답은 신학이 공적 담론의 한 형식으로서 적절한 패러다임이 될 수 있고, 이 물음을 지속적으로 묻는 것이 오늘날 가장 중요한 신학적 의제라는 것이다. 여기서 신학자의 가장 중요한 책임은 진리에 대한 이해, 의사소통의 규범, 타당성 구조, 비판적이면서도 진정성 있는 대화에 열린 자세로 임하는 것이다.

특별히 트레이시는 **교회, 학계, 사회**라고 하는 신학의 세 가지 공적 영역을 유형화했는데, 모든 신학은 이 세 가지 영역에서 유의미한 담론을 제공해야 하고, 이들의 관심사를 포괄해야 한다. 이러한 신학의 공공성은 특정한 전통이나 도덕성으로 정당화되어서는 안 되고, 비판적인 기준을 가지고 보편성을 추구해야 한다.

---

5   David Tracy, "Theology as public discourse," *Christian Century* 92.10 (1975), 280-284.

신학이 보편성을 갖추기 위해서는 그것이 단순히 진리를 변호한다는 명목으로 개인적인 신념에 호소할 것이 아니라, 철학적인 논증의 형식을 취해야만 한다.[6]

트레이시는 이러한 현대의 신학적 의제를 통해 기초신학, 조직신학, 그리고 실천신학이 어떻게 진정한 공적 담론이 될 수 있는지를 설명한다.

하지만 신학이 공적 담론으로 기능하기 위해 반드시 자신이 속한 전통으로부터 분리되어 보편성을 추구해야만 하는 것은 아니다. 트레이시는 신학이 가지고 있는 고유한 전통과 역사를 존중한다. 다만 그 역사가 오늘날 새로운 언어와 해석의 과정을 거쳐서 실천적인 효과를 발휘해야만 한다. 그래서 그는 리처드 니버(H. Richard Niebuhr)와 위르겐 하버마스(Jürgen Habermas)가 이러한 신학의 과제를 추구하는 데 도움이 된다고 말한다. 니버의 신학은 여전히 **고백적** 신학의 유용성을 제시해주고 있다. 그의 신학은 단순히 신앙고백을 사적인 차원에서 개인적으로만 적용한 것이 아니라, 진정성 있는 공동체를 통해 다시 재현하도록 만들어준다. 그리고 하버마스를 통해서는 실천의 방법을 배울 수 있는데, 비판적 이성의 해방하는 능력은 대화 당사자 간에 진정성 있는 대화와 의사소통을 가능하게 해준다.[7]

이렇게 트레이시로 대변되는 시카고 학파는 다원주의 상황 속에

---

6   David Tracy, *The Analogical Imagination* (London: SCM Press, 1981), 64.

7   Tracy, "Theology as public discourse," 283.

서 특정한 맥락에 매여 있는 신학은 공적 이슈에 대해 보편적으로 받아들여질 수 있는 합의를 방해한다고 본다. 그래서 이들은 공적 방식으로 신학적 주장을 설명하고, 정당화하고, 옹호하는 것을 중요하게 생각한다. 신학자에게는 보편적이고 합의를 도출할 수 있는 일정 정도의 인지능력이 요구된다. 공공신학은 공적 영역에서 모든 사람이 접근할 수 있는 방식으로 이러한 이슈를 다룸으로 사회에 영향력을 행사하고 자신들의 목소리를 전달해야 한다.

트레이시는 특별히 학문의 자리를 신학의 공적이고 사회적인 자리로 중요하게 생각한다. 여기서는 비판적이고 과학적인 대화가 다른 학문과의 교류 가운데 일어난다. 타학문과 교류하는 신학은 타종교와 세속적인 전통에 속한 모든 사람이 충분히 이성적으로 인식할 수 있는 논증을 제공하도록 도전받는다. 이러한 담론을 진행하면서 신학은 경험과 이성 그리고 합리성과 같은 보편적 능력을 만들고 이에 호소해야 한다. 공적 학문의 영역에서 신학은 과학적 방법론을 선택해야 하고, 가능하면 모든 사람이 납득할 만한 합리적인 방법으로 신앙의 확신을 만들어야 한다. 이러한 논증은 정합성, 일관성, 논리적 타당성이라는 테스트를 통과해야만 한다. 신학은 과학적 감시를 배제하지 않으면서도, 자신의 신앙에 대한 위탁과 실천을 결코 포기해서는 안 된다. 안셀무스(Anselmus)가 말한 **이해를 추구하는 신앙**은 오늘날에도 여전히 공적 학문의 영역에서 필요하다.

트레이시가 제시한 세 가지 공적 영역(교회, 학계, 사회)은 많은 신학자에게 큰 영향을 미쳤다. 어떤 이들은 오늘날 윤리적 도전이 세 번째 영역에만 속한 것이라 말할지 모르지만, 트레이시의 비전은 모든 신학이 반드시 공적 담론을 공유하고, 모든 관심을 포괄하는 것이었다. 트레이시는 자신의 글을 결론지으면서 두 가지 신념을 자신 있게 말한다. 첫째, 신학의 다양한 주제와 대상은 확실한 야망 혹은 자신감을 가져야 한다. 신학은 교회만을 위한 학문도 아니고, 개인의 경건을 위한 사적 신념도 아니다. 신학은 지식의 최전선에서 언제나 당대의 학문과 대화하고 경쟁하고 토론할 수 있다는 자신감을 가져야 한다. 둘째, 신학은 항상 현대의 모든 방법론적 규칙들에 있어서 가장 기초적인 것에 위탁되어야만 한다. 신학은 현대 학문의 방법론과 주제를 충분히 소화하면서도 그 근저에 놓여 있는 형이상학적 토대나 인식론적 신념을 제시하는 역할을 할 수 있다. 종교의 자리가 사적 영역으로 후퇴하면서 자연스럽게 신학도 그동안 누려왔던 학문의 영예를 이제는 더 이상 주장할 수 없는 상황에 이르렀다. 그러나 그는 신학적 거장들의 시대가 저물었다고 한탄하지 않는다. 왜냐하면 오늘날에도 기독교 신학이 사회사상으로부터 배우려는 노력을 지속한다면 공적이고 소통 가능한 결과를 생산해낼 수 있기 때문이다.[8]

국내에 널리 소개된 맥스 스택하우스는 프린스턴 신학교의 공공신학 연구소장으로 공공신학을 가장 대중적으로 소개한 신학자라 할 수 있다. 그 역시 "신앙은 철학이나 타종교로부터 인정받을 수 있을 정도

---

8   Tracy, "Theology as public discourse," 284.

로 합리적이고 윤리적인 진정성을 갖추고 있어야 한다"고 말하면서,[9] 기독교 신앙이 비판적 검증을 통해 보편성을 확보해야 한다고 말한다.

> 그리스도인은 모든 인간이 창조세계 속에서 하나님의 보편적인 사랑을 볼 수 있다고 믿는 자들이다. 그리고 지속적인 섭리의 은총 속에서 그 사랑을 경험할 수 있다고 믿는다. 또한 예수 그리스도 안에서 그것을 알 수 있고, 하나님 나라의 도래를 통해 이 모든 것이 성취될 것이라는 희망을 가지고 사는 자들이다. 이러한 하나님을 아는 모든 이들은 반드시 공적 영역으로 나가야 하며, 이 세상의 영혼과 문명을 변화시킬 수 있다는 가능성의 증인이 되어야만 한다.[10]

스택하우스에게 진정한 신적 현실은 반드시 보편적 현실이어야 하고, 신학자는 이 현실을 간문화적 연구를 통해 적절하게 설명해야 한다. 이렇게 될 때 신학은 윤리, 법, 사회의 각 영역에서 모든 이들이 필요로 하는 것을 제공할 수 있다.[11] 스택하우스 역시 보편성

---

9   Max Stackhouse, "Public Theology and Political Economy in a Globalizing Era," *Public Theology for the 21st Century: Essays in Honour of Duncan B. Forrester*, eds., William Storrar and Andrew Morton (London and New York: T&T Clark, 2004), 191.

10 Max Stackhouse, "Reflection on How and Why we go Public," *International Journal of Public Theology* 1:3 (2007), 426.

11 Max Stackhouse, *God and Globalization, vol. 4: Globalization and Grace* (New York: T&T Clark, 2007), 84.

과 합리성을 공공신학의 가장 중요한 특징으로 삼는다. 공공신학은 모든 사람이 이해할 수 있고 수긍할 수 있는 보편적 형식을 가져야 하기 때문에 이는 교회와 공론장의 비판적 대화를 통해 형성되어야 한다. 스택하우스가 말하는 공공신학은 기독교의 진리가 모든 사람에게 보편적으로 접근 가능하다는 것을 증명하기 때문에 변증적 성격을 띤다.

또한 스택하우스에게 공공신학은 하나님 나라의 희망을 바라보는 우주론적 특징을 가지고 있다. 공공신학은 하나님의 창조 질서에 근거한 공동선(common good)에 집중해서 기독교와 세상이 중첩되는 영역에 어떤 도덕적이고 문화적인 에토스를 제공해주는 것이다.[12] 따라서 기독교 신학은 세상의 언어와 문법으로 번역 가능해야 하며, 가능하면 공통의 근거와 토대를 활용해서 기독교의 진리체계를 효과적으로 변증해야 한다.

이처럼 트레이시나 스택하우스에게 **공공성**은 **보편성**이라는 말과 거의 동의어처럼 쓰인다.[13] 어쩌면 공공신학의 첫 출발이 신앙의 사사화와 게토화를 지양하고 공공성과 공개성을 중요하게 생각한 것이기 때문에 보편성에 근거한 공공신학이야말로 일반적으로 널리 알려진 특징이라 할 수 있다.

---

12 Stackhouse, "Reflections on How and Why we go Public," 426.

13 Eneida Jacobsen, "Models of Public Theology," *International Journal of Public Theology* 6.1 (2012), 11-18; idem, "Public and Contextual? An Introductory Approach to the Contextuality of Public Theologies," in *Contextuality and Intercontextuality in Public Theology*, 73-77.

하지만 모든 공공신학자들이 이렇게 복음의 보편성만을 강조하는 것은 아니다. 남아공의 신학자 존 드 그루시(John W. de Gruchy)는 다른 신학자들과 공공신학에 대한 정의를 공유하면서도 공공신학을 보편성과 연결해서 이해하는 것에 다소 비판적이다. 그가 보기에 공공신학이 일반 시민들의 언어로 쉽게 풀어서 사용되어야 하는 것은 정당하다. 하지만 동시에 신학자들이 추구하는 공공신학의 실체는 특수한 지역공동체에 속한 공적 영역과도 관련이 있어야 한다. 그런 의미에서 드 그루시는 "보편적인 공공신학은 존재하지 않는다"라고 말한다.[14] 교회가 속한 지역의 특수성과 맥락을 무시하게 되면 복음이 가진 역사적 특수성도 훼손될 수 있기 때문이다.

한편 쿠프만은 미국과 남아공의 공공신학을 비교하면서, 남아공의 공공신학은 미국에 비해서 가난하고 주변화된 사람에게 더 많은 관심을 기울이기 때문에 구체적인 상황에 민감하게 반응한다고 말한다.[15] 확실히 영미 공공신학자들에 비해 제3세계의 신학자들이 공공신학의 특수성과 구체적인 상황에 관심을 기울이는 경향이 강하다. 이 부분은 5장에서 자세히 다루도록 하겠다.

14   John de Gruchy, "From Political to Public Theologies: the Role of Theology in Public Life in South Africa," in *Public Theology for the 21st Century: Essays in Honour of Duncan B. Forrester*, 45-46.

15   Koopman, "Contemporary Public Theology in the United States and South Africa," 214.

2. 복음의 특수성을 강조하는 공공신학

기독교의 복음이 일반 학문과 소통 가능하며 충분히 보편성을 가질 수 있다고 주장하는 이들은 기본적으로 세상과의 대화를 시도하는 자유주의 전통에 서 있다. 하지만 최근에는 이런 방식으로 세상과 경계를 허물고 복음의 특수성을 세속적인 언어로 번역하려는 시도에 대해 많은 신학자들이 우려를 표하고 있다. 복음의 보편성을 강조하는 공공신학자들은 신앙의 언어가 합리적인 언어로 번역되는 과정에서 겪게 되는 위험을 진지하게 고려하지 않는다는 것이다. 신학이 공론장으로 나가기 위해서는 자신과 다른 공공성과 합리성, 그리고 자신과 다른 현실 이해를 진지하게 수용하고 받아들여야 한다.[16] 이 과정에서 신학은 다양한 위험에 노출된다. 공공신학은 소통과 대화를 강조하다가 자신의 고유성을 상실하거나 반대로 하나님 나라에 대한 비전과 소명이 세상의 현실을 힘으로 압도하는 전체주의적 기획으로 빠질 위험에 처한다.

이러한 자유주의적 기획에 반대하는 이들은 신학의 과제를 공적 영역에서 합의를 통해 공동의 의제를 만들거나 합리적으로 접근할 수 있는 방식으로 추구하지 않는다. 이러한 입장을 지지하는 신학자들로는 흔히 예일학파라고 불리는 조지 린드벡(George A. Lindbeck), 한스 프

---

16 Günter Thomas, "Public theologies-A systematic typology with reference to their functions, forms and perspectives," *Living Theology: Essays presented to Dirk J. Smith on his sixtieth birthday*, eds., Len Hansen, Nico Koopman, Robert Vosloo (Bible Media, 2011), 540.

라이(Hans W. Frei), 폴 호머(Paul L. Holmer), 로널드 티먼(Ronald F. Thiemann), 그리고 스탠리 하우어워스가 있다. 이들은 기독교의 진리를 특별한 신앙 공동체 내에서 기능하게 만드는 방식으로 단순하게 기술한다.

그중에서도 교회 중심적 윤리로 유명한 하우어워스는 그동안 기독교 신앙의 핵심 가치들, 즉 덕, 이야기, 공동체, 정체성, 목적론과 같은 주제를 강조한다. 하우어워스는 "교회는 사회윤리를 가지고 있지 않다. 교회 자체가 사회윤리다"라는 도발적인 명제로 교회 윤리를 주장한 신학자다.[17] 그에게 교회의 과제는 자신의 정체성과 신앙에 대한 확신을 분명하게 하는 것이다. 하나님의 백성은 이 세상에서 나그네와 같은 존재 방식으로 살아가고, 그리스도의 성품을 본받아 신실하게 복음의 증인으로 살아가야 한다.

> 이 세상을 더욱 정의롭고 평화롭게 만드는 것이 기독교 사회윤리의 가장 우선적인 과제라고 나는 확신한다. 분명히 말하지만, 교회의 가장 우선되는 사회윤리적 과제는 진정한 의미에서 교회가 되는 것이다. 그것은 바로 섬기는 공동체(servant community)가 되는 것이다. 교회를 교회로 만드는 것은 이 세상에서 평화의 나라(peaceable kingdom)를 신실하게 드러내는 것이라는 사실을 우리가 기억할 때 이러한 주장은 가장 잘 드러날 것이다.[18]

17   Stanley Hauerwas, *The Peaceable Kingdom* (Notre Dame: University of Notre Dame Press, 1983), 99.

18   Hauerwas, *The Peaceable Kingdom*, 99.

그리스도인들은 이 세상에서 하나님의 성품을 교회라는 공동체를 통해 현실화하는 사람들이며, 예수 그리스도의 이야기를 직접 살아가는 이들이다. 이렇게 그들은 "이야기를 가진 사회"를 만들고 이를 통해 세상과 차별화된 사람이 된다. 기독교 공동체는 지속적으로 하나님의 이야기와 예수 그리스도의 성품을 신실하게 살아내고 증언하는 것으로 세상을 섬긴다. 그런 의미에서 기독교윤리는 사회정의를 위한 전략이나 계획을 고민하는 것이 아니라 오히려 하나님의 신실한 이야기를 살아냄으로써 분열된 세상에 새로운 대안을 제시한다.[19]

　개인의 자유와 권리가 정치의 가장 근원적인 가치라고 믿는 자유주의는 개인에게 공동체를 위한 헌신과 열망을 끌어내기가 어렵다. 대화와 토론, 절차와 공정성을 중시하는 자유주의 정치철학에서는 합리적 인간을 이상적인 모델로 상정하는 것 같지만, 정작 민주주의 사회에서 필요한 인간은 서로의 이야기를 경청하고, 열린 마음으로 타자의 의견을 수용할 줄 알며, 서로를 신뢰하고 존중할 줄 아는 시민적 덕(civic virtue)을 함양한 인간이다. 최근에 정치적 자유주의가 실제로 시민들의 마음을 얻는 데 실패하고, 오히려 공동체주의가 많은 이들의 공감을 얻는 이유가 여기에 있다. 하우어워스는 교회야말로 이런 자유주의의 문제를 해결하고 시민적 덕을 함양할 수 있는 가장 좋은 장소라고 말한다.

19　스탠리 하우어워스, 『교회됨』, 문시영 옮김(서울: 북코리아, 2010), 180-183.

교회가 현실 정치의 도전에 응답해야 할 방식은 교회 그 자체가 되는 것이다. 이것은 세상을 거부하라는 뜻이 아니다. 세상으로부터 물러나라는 것도 아니다. 오히려 교회가 세상을 섬기되 그 자신의 방식으로 섬겨야 한다는 뜻이다. 교회는 교회 자체의 방식에 충실해져야 한다. … 교회의 첫째가는 책무는 정부의 합법성에 관한 이론을 제공하는 것이 아니다. 사회 개선의 전략을 제안하는 것도 아니다. 교회의 으뜸가는 책무는 공동체적 삶에서 두려움이 아닌 신뢰가 삶을 지배할 수 있음을 보여주는 공동체가 되는 것이다.[20]

어떤 이들은 하우어워스의 이런 태도를 두고 분리주의라고 낙인 찍기도 한다. 제임스 거스탑슨(James Gustafson)은 하우어워스의 신학을 두고 정체성이 모호하고 불확정적인 사람에게는 분명한 정체성을 갖도록 해주지만, 기독교를 폭넓은 학문과 문화의 세계로부터 심각하게 고립시키고, 세상 속에서 도덕적이고 사회적인 삶에 대해 애매한 태도를 조장함으로 그리스도인들의 사회 참여를 제한한다고 비판한다.[21] 남아공의 신학자 네빌 리처드슨(Neville Richardson) 역시 하우어워스가 교회의 독특한 본질을 강조하는 것이 사회정의와 관련된 이슈들에 적절하게 응답하지 못하도록 만든다고 말한다.[22]

---

20 하우어워스, 『교회됨』, 172.

21 James Gustafson, "The Sectarian Temptation: Reflections on Theology, the Church and the University," *Catholic Theological Society* 40 (1985), 93.

22 Neville Richardson, "Community in Christian Ethics and African Culture," *Scriptura* 62 (1997), 373-385.

그러나 하우어워스의 입장은 나이젤 비거가 정확하게 지적한 것처럼 분리주의적 태도가 아니다. 비거는 하우어워스의 신학과 공공성과의 연관성을 다룬 글에서 교회의 정체성과 목적에 대한 그의 강조는 사회로부터 후퇴하려는 것이 결코 아니라고 말한다. 하우어워스가 교회의 정체성을 강조한 것은 오히려 교회가 자신의 공적인 역할을 신실하게 성취하기 위한 것이다. 교회는 자신의 역할을 신실하게 수행하기 위해서 무엇이 교회를 교회되게 하는지 재고해야 한다. 즉 교회는 자신의 특별한 소명을 다시금 발견해야 하는데, 교회가 이러한 과제를 착수하는 것은 "세상에 대한 돌봄을 포기하기 때문이 아니라, 오히려 자신의 고유하고 생명력 있는 섬김을 세상에서 적절하게 수행하기 위함이다."[23] 하우어워스의 이러한 강조는 교회의 정체성을 형성하는 것에 성공적일 뿐 아니라, 교회가 사회에 대해서 독특하고도 낯선 방식으로 그리고 사태의 근원을 파헤쳐서 이야기할 수 있는 근거를 만든 것이다. 결국 하우어워스가 교회의 정체성을 강조한 것은 교회를 위해서가 아니라 오히려 세상을 위해서였다. 교회가 자신의 진정한 정체성을 발견하는 곳에서만 교회는 세상을 위한 특별하고도 살아 있는 공헌을 할 수 있다.

내가 교회에 다니는 것은 예수가 단지 그곳에서만 발견되기 때

---

23   Nigel Biggar, "Is Stanley Hauerwas Sectarian?" in *Faithfulness and Fortitude: In Conversation with the Theological Ethics of Stanley Hauerwas*, eds., T. Nation and S. Wells (Edinburgh: T&T Clark, 2000), 144.

문이 아니다. 교회는 예수가 다른 곳에서 어떻게 나타나는지 우리에게 알려준다. 예수는 자신이 어떤 방식으로 나타날지 교회에 알려주셨다. 그러므로 교회의 첫 번째 임무는 세상을 더 정의롭게 만드는 것이 아니라 세상을 세상답게 만드는 것이다. 이 주장은 우리를 향한 하나님의 돌봄을 교회로 제한하려는 것이 아니다. 오히려 정치, 정의, 민주주의가 무엇을 의미하건 간에 우리가 어떻게 축하를 배웠는가, 즉 예배를 어떻게 배웠는가에 따라 결정될 것임을 일깨워 주는 것이다.[24]

역사 속에서 교회가 세계를 더 정의롭고 평화롭고 공평하게 만들었던 방법은 기독교적인 방법으로 법을 만들고 통치자를 세운다거나 전쟁을 일으키는 것이 아니었다. 교회는 어린양 예수를 따라 비폭력적인 방식으로 상호 복종과 참을성 있는 배려를 통해, 즉 진정한 그리스도의 몸의 정치학으로 신실하게 현존함으로써 정치를 새롭게 했다.

세속 학문과의 대화를 추구하는 공공신학자들은 하우어워스의 신학으로부터 많은 것을 배울 수 있다. 그동안 유럽과 북미의 공공신학자들은 신학의 과제가 좋은 사회를 만들고 선한 사업에 힘쓰는 데 있다고 생각해왔다. 반면 제3세계의 공공신학자들은 민주적인

---

24   Stanley Hauerwas and Romand Coles, *Christianity, democracy, and the radical ordinary: Conversations between a radical democrat and a Christian* (Wipf and Stock Publishers, 2008), 105.

국가를 건설하고 해방을 위한 투쟁에 헌신하는 데 공공신학의 역할이 있다고 생각했다. 하지만 공공신학이 신학 본연의 과제에 충실하면서도 사회의 공공성에 헌신해야 한다면, 기독교 신학의 핵심 내용이라 할 수 있는 근본 교리를 신실하게 증언해야 할 것이다.[25] 복음의 핵심 내용을 간과한 채 사회 참여와 복음의 적용에만 집중한다면 주객이 전도된 오류를 범할 수 있다.

쿠프만은 특별히 하우어워스의 신학이 남아공의 공공신학자들에게 중요한 통찰력을 제공해줄 수 있다고 말한다. 남아공에서 새로운 정부를 수립하고 민주주의를 확립하기 위한 교회의 투쟁과 헌신이 잘못하면 또 다른 콘스탄틴주의로 빠질 위험이 있기 때문이다. 교회가 정부를 향해서 자신의 입장을 관철시키려는 노력 때문에 오히려 역으로 복음이 정부의 의제에 흡수될 수도 있다. 그런 점에서 교회의 정체성이 지니고 있는 독특한 동기와 기여에 대해서 다시금 우리의 기억을 회복시켜준 하우어워스의 교회론은 세속 사회 속에 있는 교회들이 어떻게 자신들의 신앙을 형성해야 하는지를 알려준다.[26]

하지만 쿠프만은 하우어워스의 신학이 결정적인 한계를 가지고 있다고 말한다. 하우어워스는 타종교와의 관계에서나 다종교적인 상황 속에서 대화와 협력이 필요할 때, 어떻게 교회의 공적 역할을 성취해

---

25 예를 들어, 여기에는 삼위일체 하나님에 대한 신실한 믿음의 내용을 사회에 포함시키는 것일 수도 있다. 오늘날 많은 신학자들이 삼위일체 신학을 통해 사회의 다양한 문제를 해결할 수 있는 단초를 제시하는 것도 좋은 예가 될 수 있다.

26 Koopman, "Contemporary Public Theology in the United States and South Africa," 218.

야 하는지 충분히 제시하지 않았다. 교회가 자기만의 독특한 방식으로 공적 영역에 기여할 수 있는 부분이 있겠지만, 동시에 교회는 다원주의 사회에서 자신들의 메시지가 소통될 수 있도록 적절한 방법을 발전시킬 필요도 있다. 이런 부분에서 하우어워스의 신학은 다원주의 사회에서 다양한 전통이나 공동체와 접점을 만들기 어렵다.[27]

오늘날 기독교 신학도 세계화 시대에 직면해 인식의 지평이 점차 확장되고 있다. 세계화에 대한 견해가 상이하긴 하지만, 세계화가 공공신학을 전개하기 위한 중요한 시대적 맥락이라는 점만은 확실하다. 이제 민족 간의 상호의존과 상호연결이 중요하게 되었고, 이로써 하나님의 한 가족으로서 이 땅에 거주하는 다양한 집단과 연합, 교류, 연대가 가능해졌다. 공적 삶 속에서 삼위일체 하나님을 고백하는 신앙의 중요성을 인식하면서, 서로 다른 상황과 지역의 신앙으로부터 새로운 신앙과 언어를 체험할 수 있게 된 것이다. 그리고 이러한 세계화 시대에 공공신학은 세계의 가난하고, 빈곤하고, 주변부로 밀려난 사람들에게 기쁜 소식이 될 때 그 가치와 진정성을 입증받을 수 있을 것이다. 이를 위해 다원화된 공적 영역에서 가난하고 고통받는 이들의 처지를 우선적으로 채워주는 것이야말로 공공신학의 중요한 과제일 것이다. 하우어워스의 신학은 이 점에 대해 어떻게 응답할 수 있을까?

---

27   Koopman, "Contemporary Public Theology in the United States and South Africa," 221.

3. 공공성과 신학이 만나는 지점

리처드 니버는 『그리스도와 문화』에서 다섯 가지 유형으로 복음과 문화의 관계를 분류함으로써 기독교 사회윤리 방법론의 토대를 마련해 주었다. 하지만 이제는 변화하는 시대에 발 맞춰서 새로운 분석틀이 필요하다. 제임스 거스탑슨이 제시한 신학과 사회, 신학의 사회적 역할에 대한 설명은 복음의 특수성과 보편성을 설명하는 적절한 통찰력을 제공해준다. 거스탑슨은 기독교 사회윤리의 기본적인 유형을 네 가지로 제시하면서 기독교 담론의 특수성이 보편성으로 확장되는 과정을 다음과 같이 설명한다.

첫째, 기독교의 도덕 담론은 **예언적 담론**(prophetic discourse)이다. 신학은 자신의 시대를 고소하는 형식을 취해야 하고, 더 나아가 다음 세대의 유토피아를 제시해야 한다. 여기서 고소는 도덕적이고 사회적인 문제들을 지적하는 것이다. 유토피아 담론은 희망의 비전을 불러일으키는 것이다. 두 번째 유형은 **서사 담론**(narrative discourse)인데, 이야기와 비유는 공동체와 전통 속에서 도덕적인 영웅들의 이야기나 중요한 사건들을 다음 세대에게 전수하는 역할을 한다. 이러한 이야기들은 공동체 속에서 공동의 기억을 지속하고, 양심, 도덕적 정체성, 그리고 공동체 구성원들의 성격을 형성시켜준다. 엄격한 결의론보다 훨씬 큰 역할을 하는 이야기는 삶의 모범을 제공해줌으로써 도덕적인 의사결정을 하는 데 큰 도움을 준다. 세 번째 유형은 **윤리적 또는 기술적 담론**(ethical or technical discourse)인데, 이는 도덕적 논증의 철학적이고 적절한 형식을 사용하는 것이다. 논리, 정의, 옳음과 같은 개념을 정확하게 사용하는 문제, 자율적인 윤리학의 합리적 근거를 규명하는 것은 모두 이러한 담론에서 다루어진다. 마지막으로 **정책 담론**(policy discourse)은 우리가 하고자 하는 것이 우리가 할 수 있는 것에 의해서 어떻게 구속을 받는지, 권력이 어떻게 우리의 소유를 변화시키는지, 목적을 성취하기 위해서 우리의 지식과 정보를 어떻게 활용해야 하는지와 같은 질문을 다룬다. 이러한 다양한 영역에 참여하는 것은 사회의 다양한 영역 안에 있는 정책 결정 과정에 적절하게 개입하도록 도와준다.[28] 거스탑슨이 제시한 처음 두 담론이 기독교 고유의 목소리를 담아낼 수 있는 유형이라면, 나머지 두 담론은 학문적 차원에서 그 목소리를 정교하게 다듬은 유형이라 할 수 있다. 기독교의 내적 자원을 어떻게 시민사회에 전달하고 적용할 수 있는지를 순차적으로 보여준 유형이라 할 수 있다.

한편, 최근에 나이젤 비거는 칼 바르트의 신학을 충실하게 계승하면서도 자연법이라든가 자연 은총을 강조하는 토마스 아퀴나스(Thomas Aquinas)의 전통을 사용해 공공신학을 전개한다. 비거는 성서와 신학의 전통을 진지하게 고려하면서도 공론장에서 기독교 윤리를 실천할 수 있는 중도의 길을 찾는다. 그는 기독교 신학이 가지고 있는 전체 이야기 혹은 거대 서사를 그리스도인들이 충분하게 숙고하고 적절하게 해석하기만 한다면 윤리학에서 요구하는 보편성을

---

28   James Gustafson, "An Analysis of Church and Society: Social Ethical Writings," *Ecumenical Review* 40.2 (1988), 267-278.

확보할 수 있다고 말한다. 그러면서 그는 **신학적 내러티브의 통전성**(theological narrative integrity)을 이야기한다.[29] 그는 이러한 통전성이 복음의 독특성으로부터 나온 구별성이라고 강조한다. 그런데 그는 교회가 반드시 세상과 달라야만 하는 것은 아니라고 말한다. 복음의 독특성은 그 자체가 목적이 될 수 없다. 신학과 도덕 논증 사이에는 어느 정도의 간극이 존재한다. 그리고 신학은 모든 윤리적 이슈나 특수한 도덕적 문제에 즉각적으로 해답을 제시해줄 수 없다. 그렇기 때문에 신학은 공통 감각이나 비신학적인 성찰을 충분히 수용하고 인정할 필요가 있다. 그리스도인이든 비그리스도인이든 공통의 윤리적 기초를 공유할 수 있고, 선에 대한 공통의 개념과 인간의 번영에 대한 기본적인 개념을 공유할 수 있다.[30] 모든 인간은 선이 무엇인지, 덕이 무엇인지, 그리고 옳음이 무엇인지 어느 정도 알 수 있는 능력을 가지고 있다. 다만 그런 개념에 대한 완전한 이해에 도달하지 못할 뿐이다. 이것이 바로 자연법과 자연은총이 있다고 하더라도 계시가 이것들로 환원되지 않는 이유다. 오직 인간을 향한 하나님의 구원하는 행동의 빛 안에서만 자연적인 선은 그 충만한 의미를 획득할 수 있다. 따라서 그리스도인과 비그리스도인의 모든 합의는 잠정적이고 부분적일 수밖에 없다. 그 합의는 기독교로부터 독립된 어떤 보편적 실재가 아니라, 모든 인간이 서로 공유하는 공통의 관심사를

---

29   Biggar, *Behaving in Public: How to Do Christian Ethics*, 3.

30   Biggar, *Behaving in Public: How to Do Christian Ethics*, 41-42.

가지고 창조되었다는 사실을 보여준다.[31]

비거는 본격적으로 기독교가 공적 토론장에 어떻게 참여해야 하는 지를 다루기 전에 먼저 오늘날 서구 민주주의 국가가 세속화에 대한 고정관념에 사로잡혀 있음을 지적한다. 비거는 오늘날 공론장은 세속 **화되었고 세속화되어야 한다**는 하버마스의 주장을 강하게 비판한다. 이제 더 이상 공론장은 비종교적 공간이 아니다. 또한 공론장에서는 비종교적 언어를 사용해야 한다는 암묵적인 규제도 이제는 불가능한 이념이 되어버렸다.[32] 비거는 공론장으로부터 종교와 신학이 배제되어야 할 어떤 이유나 근거도 없다는 것을 보여준 후에, 어떻게 신학적인 논변을 공적 영역에서 실천해야 하는지를 설명한다.

먼저 비거는 **무엇을** 말해야 하는가를 다룬다. 여기에서 중요한 것은 어떤 청중을 대상으로 이야기를 하는지 고려하는 것이다. 교회를 대상으로 말하는 것인지, 아니면 세속적인 대중을 대상으로 이야기하는지 고려해야 한다. 둘째로 그것을 **어떻게** 말할 것인지가 중요하다. 대화를 하기 위해서는 공유된 도덕적 가치를 가지고 있어야 한다.[33] 이 이념에는 상대방에 대한 존중, 관용, 부드러움, 인내, 용서하려는 의지 같은 덕목이 포함된다. 그런데 이런 항목들은 기독교의 외

---

31 비거는 이 부분에서 아우구스티누스의 관점으로 롤스의 정의론을 비판한다. 비거의 공공신학은 오늘날 아우구스티누스적인 관점으로 공공신학을 어떻게 혁신할 수 있는지를 보여주는 좋은 모델이다.

32 Biggar, *Behaving in Public: How to Do Christian Ethics*, 61.

33 Biggar, *Behaving in Public: How to Do Christian Ethics*, 75.

부에서 주어진 이념들이 아니라 이미 기독교 전통 속에 깊이 뿌리내리려져 있는 것들이다. 따라서 기독교는 시민사회의 중요한 덕목을 증진하고 발전시킬 수 있는 내적 동기를 가지고 있다.

마지막으로 비거는 기독교 윤리가 단순히 지적인 동의나 합의에 그치는 것이 아니라 교회에 봉사하는 학문이라고 말한다. 비거는 교회와 세상을 지나치게 이분법적으로 구분하는 것에 반대하면서, 진짜 교회는 보이는 교회로서 바깥 세상에 현존해야 한다고 말한다.[34] 가시적 교회는 자신의 울타리 밖에 있는 사람들에게 자신의 공간을 개방하고 기꺼이 초대해야 한다. 이것은 결코 복음의 선포를 왜곡하거나 진리를 숨기는 것이 아니다. 오히려 공개적으로 드러내는 것이다. 비거는 기독교의 공적 참여를 교회론적인 논의로 마무리하면서 동시에 세상을 향한 공적 증언에 적극적인 방향성을 포섭한다. 그는 바르트와 하우어워스의 신학 방법론에 깊이 공감하면서도 이를 다원주의 사회와 공론장으로 연결하려는 시도를 꾸준히 해왔다. 본회퍼가 말한 "타자를 위한 교회"가 다원주의 사회를 맞이해서 환대의 공동체, 경계선에 선 공동체로 다시 등장해야 한다. 오늘날 새롭게 정립해야 할 공공신학의 교회론적 토대는 마지막 8장에서 더욱 구체적으로 다루도록 하겠다.

34　Biggar, *Behaving in Public: How to Do Christian Ethics*, 82.

4

세 번째 길: 기독교와 공론장의 구조 변동

독일에서는 미국과 다른 방식으로 **공공신학**(Öffentliche Theologie)이
발전했다. 독일에서 공공신학을 가장 활발하게 전개한 신학자로 독
일 개신교협의회(EKD) 대표를 맡았던 볼프강 후버(Wolfgang Huber)가
대표적이다. 그는 1973년에 『교회와 공공성』(Kirche und öffentlichkeit)이
라는 제목으로 교수자격취득논문을 제출했다. 후버는 이 책에서 기
독교 전통부터 시작하여 20세기에 이르기까지 독일교회와 신학의
공적 역할에 대해 폭넓게 분석했다.[1] 그의 교회론과 윤리학은 교회
가 사회 속에서 공적인 역할을 수행하기 위해 어떻게 행동해야 하
는지를 구성적이고 비판적으로 보여준다. 후버는 칸트와 하버마스,
그리고 요나스를 통해 책임윤리와 사회적 실천에 대한 철학적 토대
를 제시하고, 본회퍼의 신학을 통해 자신의 신학적 사회윤리를 구
체화한다. 수많은 논문과 책을 저술하면서 그는 교회의 사회적 책
임과 공적 역할, 그리고 공공신학의 형식을 정교하게 제시했다. 단

---

1   볼프강 후버의 공공신학에 대해서는 손규태, 『하나님 나라와 공공성』(서울: 대한기
     독교서회, 2010)을 참고하라.

순히 이론적인 차원에서뿐만 아니라 독일이라는 상황 속에서 교회의 공적 역할이 어떠해야 하는지를 다양한 활동을 통해 행동으로 보여주기도 했다.

특별히 후버는 하버마스의 『공론장의 구조 변동』에 크게 영향을 받아 그동안 독일교회와 에큐메니컬 운동에서 공공성의 구조 변화를 탐구했다. 하버마스가 말하는 공공성은 사회의 규범적인 비전에 대한 공적인 의견을 만들기 위한 공적 영역, 공적 실천이다. 여기에서 공적인 의견을 형성하고 유지하기 위한 공간이 중요하게 부각되는데, 이를 **공론장**이라고 부른다. 공론장이 지니고 있는 중요한 특징은 **공개성**(openness)과 **접근 가능성**(accessibility)이다. 여론을 형성하고 만드는 공적 토론과 의사소통 과정은 어느 누구도 배제하지 않으면서 모두에게 정보가 공개되어야 한다. 자연스럽게 이는 차이와 타자를 적극 수용하는 열린 자세를 추구한다.[2]

이러한 공론장을 통해 공공성을 사유하게 되면, 국가와 시장의 본질과 역할에 대해서 공적인 토론을 통해 비판하거나 저항할 수 있다. 국가가 운영하는 공공시설과 서비스, 교육과 통신이 올바른 기능을 할 수 있도록 견제하는 역할을 공론장이 할 수 있다.[3] 그리스도인들이 민주적 방식과 절차에 따라 공론장에서 적극적으로 자

---

2   위르겐 하버마스, 『공론장의 구조 변동』, 박영도 옮김(서울: 나남, 2001), 171.

3   특별히 많은 학자들이 미디어의 역할에 주목하고 있는데, 이는 공공의 이익과 유익을 위해 사용되어야 할 미디어가 국가와 시장의 이념적인 선전도구로 악용되기 때문이다.

신의 의사를 표현하는 것은 건강한 시민사회를 위해서도 중요한 일이다. 또한 교회 역시 공론장에 참여해 다양한 시민사회의 요구와 목소리를 경청할 줄 알아야 하고, 더 나아가 비판과 질책의 목소리까지 겸허히 수용할 수 있어야 한다. 이러한 과정을 거치면서 공론장은 건강하게 보존될 수 있고, 시민사회는 다양성과 차이를 존중할 줄 아는 성숙한 사회로 거듭나게 된다.[4] 교회 또한 공론장이 제기하는 비판의 무게를 견디면서 끊임없이 갱신과 혁신을 추구해야 하며 동시에 내부적으로도 민주적인 의사결정 구조와 절차를 만들어야 한다.

종교계에서는 공론장과의 관계에 대해서 다양한 반응을 보인 반면,[5] 하버마스는 그동안 이 주제에 대해서 다소 부정적인 태도를 보여왔다. 초기에 하버마스는 종교가 공론장에 들어와 여론을 형성하고 합의를 도출할 수 없다고 생각했다. 도덕적 신념이라든가 종교적 언어는 합리적 의사소통의 과정에서 배제되어야 하기 때문이다. 하지만 하버마스는 최근 이런 자신의 견해를 조금씩 수정해나갔다. 하버마스의 생각이 어떻게 변해왔는지를 추적하는 것만으로도 공론장과 종교의 관계를 파악하는 데 중요한 역사적 예시가 될 수 있다.

---

4   Smit, "Notions of the Public and Doing Theology," 436-437.

5   많은 신학자들이 공론장의 탄생과 발전에 대한 하버마스의 연구에 기대어 공공신학을 전개하고 있다. Dirkie Smit, "What Does "Public" Mean? Questions with a View to Public Theology," *Christian in Public: Aims, Methodologies and Issues in Public Theology*, ed., Len Hansen (Stellenbosch: African Sun Media, 2007); Don S. Browning & Frencis S. Fiorenza, eds., *Habermas, Modernity and Public Theology* (New York: Crossroad, 1992).

공공신학으로 가는 세 번째 길에서는 하버마스가 말하는 공론장은 무엇이고, 그것이 어떻게 발전하고 쇠퇴하게 됐는지를 살펴본다. 이어서 종교의 공적 참여에 대한 그의 생각이 어떤 계기를 통해 변화했는지를 살펴보도록 하겠다. 마지막으로 기독교는 공론장을 통해 어떤 방식으로 자신의 신념과 가치를 전달할 수 있는지, 어떤 점을 유의해야 하는지 간략하게 제시해보도록 하겠다.

1. 공론장의 형성과 구조 변동

오래전부터 시민들의 집합체, 공적인 재산, 공적인 업무와 관련해서 **국가에 귀속된 것이라는** 의미로 **레스 푸블릭스**(*res publics*)라는 말이 사용됐다. 이 단어는 17세기와 18세기에 이르러 광장이나 공연장에서 이뤄지는 다양한 문화적 퍼포먼스라든가 신문이나 잡지를 통해 여론을 형성하고 유통시키는 대중, 즉 시민을 가리키는 용어로 사용되었다. 여기서 중요한 것은 공론을 만들어 내는 새로운 공간, 즉 커피숍이나 클럽에서 부르주아 시민들이 자유롭게 토론과 논쟁을 나누면서 공적인 생각이나 의견을 교환하는 공간이 생성되었다는 점이다.[6] 이처럼 근대 이후 공공성에 대한 담론은 공적인 의견을 주고받으면서 여론을 형성하는 공간적인 의미로 좁혀지는데 하버마

---

6   James Van Horn Melton, *The rise of the public in enlightenment Europe* (Cambridge University Press, 2001), 1-2.

스는 이를 **공론장**(public sphere)이라는 개념으로 구체화했다.

공론장에 대한 철학적 논의는 대부분 하버마스가 자신의 교수자격취득논문으로 쓴『공론장의 구조변동』으로부터 시작한다. 이 책에서 하버마스는 공론장을 근대 서구 사회에서 발생한 공개된 토론장으로 설명한다.[7] 18세기 이후 독일과 프랑스에서는 새롭게 도시의 시민 계급이 부상하고 부르주아 시민 계급이 형성됐다. 이들은 그동안 국가가 주도하거나 특정 지식인이 생산해낸 담론과는 다르게 다양한 매체를 통해 자유롭게 의견을 주고받을 수 있는 두터운 공공적 의사소통망을 형성했다. 이들은 자발적인 결사체를 만들어 사회생활의 정치화를 이끌어냈고, 신문을 통해 여론을 만들어냈으며, 언론 자유를 외치고 검열에 대한 저항투쟁을 전개했다. 여기서 공론장은 어떤 특별한 공적 장소나 실행들을 가리키는 것으로, 이는 공적인 의견들이 형성되고 유지되는 것을 뜻하며, 동시에 정치세력이나 시장에 저항할 수 있고, 동등한 참여자들이 자유롭게 서로 비판적인 논의를 주고받을 수 있는 공간을 말한다.

하지만 하버마스가 주목한 것은 단순히 공론장이라는 새로운 공간의 탄생이 아니었다. 하버마스는 그곳에서 시민들이 어떻게 다양한 의견을 제시하고 수렴하는지, 즉 어떻게 공정한 의사소통의 조건 속에서 사회구성원 간 상호존중과 연대적 책임을 정당화하는 도덕적 규범이 도출되는지를 살펴봤다. 하버마스는 개개인이 가지고

---

7   하버마스,『공론장의 구조 변동』, 141.

있는 관심사들이 공적인 논쟁을 통해 모두의 관심사로 전환되는 방식과 실천적인 정당화를 통해 합의를 이끌어내는 과정에 주목했다.

사적 개인들 상호교류의 일반적 규칙은 이제 공적 관심사가 되었다. 사적 개인들이 이 공적 관심사를 둘러싸고 공권력과 벌이는 투쟁 속에서 부르주아 공론장은 정치적 기능에 도달한다. 공중으로 결집한 사적 개인들은 사적 영역으로서의 사회를 정치적으로 허용하는 문제를 공적 주제로 만든다. [8]

하버마스는 사람들이 서로 의견을 주고받으면서 공적인 의견들이 수렴되고 시민사회가 형성되는 과정을 어린아이가 성인이 되는 과정에 빗대어 설명한다. 사회가 합리성을 갖추게 되는 것은 의사소통을 익히고 배움으로써 진화하고 성장해나가는 과정을 통해서다. 이러한 배움의 매커니즘이 사회 발전의 원동력이 된다. [9] 서로 경쟁하는 결사체들과 생활형식들이 비판과 수정의 과정을 거치면서 합의를 도출하고, 공존의 지혜를 배우는 곳이 바로 공론장이다. 따라서 하버마스가 공론장의 탄생을 추적하면서 보여주고자 했던 것은 그것의 발생학적 기원을 탈맥락화시켜 공론장의 내용이 역사 내재

---

8   하버마스, 『공론장의 구조 변동』, 227.

9   Jaco S. Dreyer & Hennie JC Pieterse, "Religion in the public sphere: What can public theology learn from Habermas's latest work?" *HTS Theological Studies* 66.1 (2010), 3.

적일 뿐 아니라 보편적 동의라는 도덕 원칙 아래 종속될 수 있다는 점이다. 그리고 이를 통해 민주주의의 이념과 공론장 안에서의 정당화 양식이 개념적으로 연결되어 있다는 점이다.[10]

하지만 형이상학적이고 종교적인 세계관이 더 이상 모든 사람들에게 일관된 사회적 질서와 규범으로 보편화될 수 없는 상황 속에서 사회구성원들은 사회비판의 규범을 도출하고 정당화할 근거를 상실했고 서로의 전제들을 확인하는 것이 불가능한 상황이 되어버렸다.[11] 그래서 하버마스는 민주주의와 사회비판 기획의 규범적 토대로 그 유명한 **의사소통 합리성**(communicative rationality)이라는 개념을 도입한다. 하버마스의 핵심적인 개념으로 알려진 의사소통 합리성은 한마디로, 실재는 주관성의 해석이라든가 개별자에 의한 형식이 아니라 의사소통 참여자들의 적극적인 상호이해를 통한 대화와 실천을 통해 구성된다는 것이다.[12] 언어행위로 매개되는 실천을 통해 생활세계(lifeworld)에 잠재되어 있는 규범적 합리성이 펼쳐지는

10   멜톤이 지적한 것처럼, "하버마스는 무엇보다 이 공론장을 토론의 새로운 공간으로서 의사소통이 생성되는 영역으로 이해했다. 이 공간은 공적 장소나 사회성에 대한 보다 공개적이고 접근이 용이한 형식을 가지고 있다." Melton, *The rise of the public in enlightenment Europe*, 4.

11   장은주, 『생존에서 존엄으로』(서울: 나남, 2007), 120.

12   Craig Calhoun, "Introduction: Habermas and the public sphere," in *Habermas and the Public Sphere*, ed., Craig Calhoun (Cambridge: MIT Press, 1992), 2. 칼훈에 따르면, 하버마스는 칸트의 인식론을 거부했지만 근대성에 대한 관점을 형성하는 데 있어서는 여전히 칸트의 유산을 이어 받았다. 칸트의 실천이성이 하버마스의 공론장 개념 내에서 이성적 담론의 규칙을 통해 제도화된 것이다.

데, 이는 단순히 개인이 세상에 대해서 이러저러한 해석과 설명을 주관적으로 결정하는 것이 아니라 의사소통을 통해 상호주관적으로 형성된다.[13] 여기서 의사소통의 합리성과 생활세계는 긴밀한 관계를 맺고 있는데, 하버마스가 말하는 생활세계는 단순히 의사소통 과정의 배경으로 작용하는 것이 아니라, 참여자들이 공통의 이해와 가치를 도출할 수 있는 원천이자 근거이다.

하버마스는 모든 당사자가 평등하게 공론장에 접근 가능해야 하고, 어느 누구도 배제되어서는 안 된다고 명시적으로 언급한다.

> 특정한 집단이 명확하게 배제되는 공론장은 그저 불완전한 것만이 아니라 오히려 그것은 공론장이 아니다. … 공중은 원칙적으로 모든 인간이 속할 수 있다는 것을 그의 고려에서 선취하고 있다.[14]

이렇게 공론장의 가장 중요한 특징 두 가지는 바로 공개성과 접근 가능성인데, 이는 정보가 모두에게 공개되어야 하고, 여론을 형성하기 위해서는 모든 사람이 어떤 권력의 감시나 억압으로부터 자유롭게 공론장에 접근할 수 있어야 한다는 의미다.

---

13 Jürgen Habermas, *The Theory of Communicative Action: Vol. 1: Reason and the Rationalization of Society*, trans. T. McCarthy, (Boston: Beacon, 1984), 28, 367-452.

14 하버마스, 『공론장의 구조 변동』, 171.

그런데 하버마스는 이 두 가지 특징을 가능하게 만드는 것이 생활세계라고 말한다. 그곳에서 공공성을 도출하는 원리를 의사소통 합리성으로 규정한다. 여기에서 모순이 발생한다. 왜냐하면 동일한 생활세계를 공유하지 않고서는 어떠한 진리주장이나 타당성 논증도 불가능하기 때문이다.[15] 다시 말해 의사소통 합리성이 가능하기 위해서는 화자와 청자가 서로 의미가 동일한 언어적 표현을 사용하고 있다는 전제가 반드시 선행되어야 하는데,[16] 하버마스가 제시하고 있는 합리성의 기준에 적합하지 못하거나 다른 합리성을 가지고 있는 당사자들에게는 공공성이라는 가치가 공개적이지도 접근 가능하지도 않기 때문이다.

비평가들은 하버마스가 공론장의 발생과정을 부르주아 시민이라는 특정한 역사적 발생사를 통해 규명하고 그 작동방식을 보여주었기 때문에 보편성이라는 이름 뒤에 감추어진 지배계급의 합의 과정을 정당화하거나 특정한 집단을 배제하려는 의도가 숨겨져있다고 말한다. 또한 부르주아들이 형성한 공론장과 거기에서 도출된 의견들이 자신들의 특정한 이데올로기로 인해 일방적인 방식으로 여론을 만들어낼 수 있다는 지적도 있다. 하지만 하버마스의 기획은 처음부터 공론장을 통해 정치적 저항과 해방의 가능성을 보여주는 것이었다. 시민들의 공론장은 "지배일반이 해체되는 질서"

---

15   Habermas, *The Theory of Communicative Action: Vol. 1: Reason and the Rationalization of Society*, 107-113.

16   장은주, 『생존에서 존엄으로』, 116쪽.

이며, "정치적으로 기능하는 공론장은 권력 그 자체를 토론"에 부치는 기능을 수행한다.[17] 그가 공론장에 대한 역사적 전개과정을 통해 기대했던 것은 다름 아닌 "체계명령이 생활세계 영역으로 식민적으로 침범하는 것을 민주적으로 저지하는 것"이었다.[18] 화폐와 행정 권력으로 상징되는 근대국가의 권력 장치에 맞서 사회통합의 연대력을 형성하고 시민들이 자발적으로 만들어낸 생활세계의 요구를 관철시키는 것, 이를 통해 급진적인 민주주의를 형성하는 것이 공론장의 구조변동이 함의하고 있는 바다. 다만 비평가들이 지적한 것처럼 하버마스가 제시한 의사소통 합리성과 규범성의 기준이 본래의 취지에 맞게 모든 이들에게 공정하게 개방되어 있는지는 다시 따져 물어야 할 것이다.

사이토가 말한 것처럼 "공공적 공간은 공사의 경계를 둘러싼 담론의 정치가 행해지는 장소이지, 공공적인 주제에 관해서만 논의해야 하는 장소가 아니다. 무엇이 공공적인 주제인가는 의사소통에 선행해 미리 결정되어 있는 것이 아니다."[19] 따라서 공론장을 통해 합의된 공공성은 **정치적인 것**보다 선재하는 것이 아니며 지향해야 할 이상이나 이념도 아니고, 시민들의 자유로운 담론투쟁이라는 사회화 과정 이전에 존재하는 그 무엇도 아니다. 공공성은 공론장을

17 　하버마스, 『공론장의 구조 변동』, 168.

18 　하버마스, 『공론장의 구조 변동』, 41.

19 　사이토 준이치, 『민주적 공공성』, 윤대석·류수연·윤미란 옮김 (서울: 이음, 2009), 36.

통해 끊임없이 다양한 방식으로 불쑥 튀어나오는 의견들과 욕구들이 비판과 경합을 통해 걸러지고 다듬어진 진화의 산물이며 고난의 결정체다. 하버마스는 이 과정을 통해 시민들이 정치적인 주체로 만들어지는 과정에 주목한 것이고, 그 속에서 합의를 도출해내는 내적 논리와 윤리적 정당성을 규범화한 것이다. 민주주의의 정치 질서는 바로 이러한 공론장에서의 공정한 절차와 과정을 통해 배양되는 것이다. 그리고 이러한 공적인 토론과 절차적 합리성은 우리들의 **의지**(voluntas)를 **이성**(ratio)으로 바꾸는 역할을 한다.[20]

하버마스는 비록 오늘날 이러한 공론장의 비판적인 기능과 평등한 참여의 원칙이 축소되어 이전과 같을 수 없다고 아쉬워하면서도, 18세기의 부르주아 공론장이 여전히 비판적인 공적 참여의 모델이 될 수 있다고 주장한다. 하버마스가 비록 그의 후기 저서에서는 공론장에 대한 직접적인 언급을 피하고 있지만, 이 개념들을 확장해서 발전시키고 있는 것은 분명하다. 그는 사회의 합리성에 대한 규범적 관념들, 인간의 삶이 함께 구성된다는 의사소통 행위론, 정치와 법과 도덕성, 공공선, 공적 담론의 윤리를 강조한다. 한마디로 그가 주장하는 것은 토의를 통한 형성과 정보의 보존, 다름과 타자를 존중하는 민주적인 공적 의견 교환이었다.

---

20   하버마스, 『공론장의 구조 변동』, 168.

2. 공공신학은 공론장의 적인가? 친구인가?

공공신학은 시민들이 공적 토론이라는 방식을 통해 공론을 만드는 과정과 긴밀하게 연결되어 있다. 따라서 본질적으로 정치적이고 경제적인 기구들을 향해 비판적으로 개입할 수밖에 없고 궁극적으로는 공동선과 인간의 번영을 증진하려 한다. 이는 서구 민주주의가 이상형으로 상정한 합리적 의사소통을 전제하고 있다. 공공신학은 일반적으로 민주주의 가치와 이념을 증진하고 도모하는 것을 중요한 목표로 삼고 있다. 나아가 민주주의가 추구하고 이루고자 하는 목적에 공조하고 의제를 공유하고자 한다.[21]

서구에서는 이렇게 공공신학이 민주주의의 이념과 동일선상에 있다 보니 자칫 국가의 정책과 너무 긴밀하게 공조하는 우를 범하기도 한다. 스미트는 이미 남아공의 젊은 민주주의자들이 종교가 자신들의 정책과 정치에 협조하고 공조하기를 기대하고 있다고 말한다. 신학의 역할은 헌법적 가치를 수호하고 국가를 발전시키는 것이라 보는 것이다.[22] 아파르트헤이트를 철폐하고 민주주의를 수호하기 위해 애쓴 기독교 지도자들이 새로운 정부가 들어서면서 정치적 협력자로 부상하기 시작한 것이다.

흥미롭게도 하버마스 스스로는 민주주의의 발전 과정에서 종교

---

21   Smit, "What does "public" mean? Questions with a view to public theology," 25.

22   Smit, "What does "public" mean? Questions with a view to public theology," 26.

나 교회, 신학이 어떤 기여나 협조를 할 수 있을 것이라 생각하지 않았다. 오히려 반대로 신학은 민주주의 사회의 통전성을 유지하는데 방해가 되고 위협이 된다고 봤다. 공적 대화가 가능하려면 개인의 도덕적인 관점은 잠시 뒤로 유보하고, 순수한 절차적 정의에 집중해야 하기 때문이다. 종교적인 내용을 담고 있는 언어, 가치, 개념은 모든 사람에게 접근 가능하고 수용 가능한 언어로 번역되어야한다. 만약 이게 가능하지 않다면 신학은 그저 신학의 자리에 남아있어야 한다. 신학이 교회 울타리 밖으로 나와서는 안 되는 것이다. 그렇다면 하버마스가 보기에 공공신학이라는 말은 애초에 성립되지 않는 모순이라 할 수 있다. 신학이 자신의 고유한 가치나 본질을 포기하지 않는 한 공적일 수는 없다는 말이 된다.[23]

하버마스가 처음으로 신학자들과 작업을 하기 시작한 것은 1992년에 나온 『하버마스, 근대성, 공공신학』(Habermas, Modernity, and Public Theology)에서 신학자들의 논의에 응답하면서부터다. 이 책은 1988년 시카고 대학교에서 진행된 컨퍼런스에 기초하고 있는데, 이 책에는 신학과 비판 이론의 대화에 대한 다양한 신학자들의 목소리가 담겨 있다. 돈 브라우닝(Don Browning)과 데이비드 트레이시, 프랜시스 피오렌자(Francis Schüssler Fiorenza) 같은 신학자들이 하버마스의 이론에 기대어 공공신학을 전개한 것이다. 이들은 하버마스와 달리 기독교 전통과 기독교 신앙이 민주주의적 가치와 배치되는 것이 아니라 충

---

23   Smit, "What does "public" mean? Questions with a view to public theology," 27.

분히 함께할 수 있다고 말한다. 또한 이들은 공적 대화가 단지 절차의 문제로만 구성되지 않는다고 말하고, 참여자들은 자신들의 전통이나 가치, 확신과 같은 것을 가지고 합리적인 대화와 협상에 참여할 수 있다고 말한다.[24] 피오렌자는 이렇게 말한다.

> 종교 전통은 인간의 본성과 사회뿐만 아니라 합리성과 근대성을 이해하는 데도 중요한 기여를 했다. … 종교 전통과 신학적 성찰은 공적이고 사적인 삶의 다양한 차원을 가리킨다. 그것은 기술적이고 전략적인 이성에 대한 합리성이 감소하는 것을 극복하기 위한 궁극적인 지지라고 할 수 있다. 이것이 하버마스의 의사소통 합리성이 말하는 가장 중요한 목표다.[25]

하버마스는 신학자들의 글에 응답하면서 그동안 독일에서 철학적 신학이 오랜 시간 철학적이고 정치적인 분석을 성실하게 해왔음을 인정하고 높이 평가한다. 다만 자신은 그런 논의에 익숙하지 않았기 때문에 지금까지 신학적인 대화에 참여하는 것을 꺼려왔다고 고백한다. 그러면서 하버마스는 신학자들과 철학자들이 공유하고 있는 전제를 소개하고 그들의 계보학, 방법론, 보편적 관심사의 몇

---

24 Smit, "What does "public" mean? Questions with a view to public theology," 27.

25 Don S. Browning & Francis Schüssler Fiorenza, eds., *Habermas, Modernity, and Public Theology* (Crossroad, 1992), 3. Kenneth G. MacKendrick & Matt Sheedy, "The Future of Religious History in Habermas's Critical Theory of Religion," *Method & Theory in the Study of Religion* 27.2 (2015), 157에서 재인용.

가지 요소들을 강조한다.

그는 앞으로 신학적 담론이 특정한 고백의 편협한 관심을 뛰어넘어 "공적인 정치 영역에서 판단의 보편적인 기준을 제시하는 방향으로 전환해야 한다"고 말한다.[26] 앞으로 공적 영역에서 종교의 참여는 "단지 사적인 고백의 내성적이고 인습적인 상호 관계"에서 벗어나 사회적 해방이나 인간의 존엄성을 추구하는 것과 같은 "이 세상의 목적"에 집중하는 믿음의 초월성을 강조해야 한다고 말한다. 종교는 철학적이고 정치적인 담론과 공통점을 찾아 그것에 봉사할 수 있고 그럼으로써 계몽주의의 **미완의 프로젝트**에 훌륭한 대화 상대자가 될 수 있다는 것이다. 신학적 담론은 넓은 문화 전반에 걸친 연대와 일반적인 고백에 대한 기준을 제시할 때 탈형이상학적인 철학과 공통된 전제를 공유할 수 있다. 이렇게 될 때, 종교는 대중의 숙고와 공감을 위한 공간을 만들 수 있다고 말한다.[27]

하버마스는 피오렌자가 근대 사회 속에서 교회가 긍정적인 역할을 할 수 있다고 제시한 부분을 언급하면서, 교회는 "정의의 이슈와 선의 개념을 공적으로 논의하는 해석 공동체"라고 말한다.[28] 마찬가지로 하버마스는 트레이시의 상관관계 방법론(correlational methods)을

---

26 MacKendrick & Sheedy, "The Future of Religious History in Habermas's Critical Theory of Religion," 157.

27 MacKendrick & Sheedy, "The Future of Religious History in Habermas's Critical Theory of Religion," 157.

28 MacKendrick & Sheedy, "The Future of Religious History in Habermas's Critical Theory of Religion," 157.

옹호하면서 기독교 신학은 철학과 사회 이론을 포함하는 전통 안에 위치할 수 있고, 신학을 포함한 모든 생활세계는 반드시 자기 자신을 논쟁적인 정당성의 형식에 맞춰서 개방해야 한다고 말한다.[29]

신학은 종교가 가지고 있는 기본적인 특성, 즉 의례적 실천을 해석하고 설명하는 역할을 한다. 그런데 이런 해석을 계시 신앙에 기대어 설명하기 때문에 신학이 근대적 세계관과의 공적 담론에 장애물을 두게 되었던 것이다. 하버마스는 종교 경험을 과학적이고 문화적인 언어로 번역할 필요가 있고, 의사소통적 실천의 장으로 가져올 필요가 있다고 말한다.[30] 하버마스에 따르면, 진정한 종교적 믿음이란 자기 반성적인 인식을 사용해 마술적이고 신비적인 세계로부터 탈피하는 것이다. 반성적 믿음은 소통되지 않는 주관성으로 함몰되지 않고 건설적인 비판과 토론을 통해 새로운 사회적 상상력을 공유해야 한다. 다원성을 부정하는 닫힌 세계관은 구시대적이며 진정한 신앙의 삶을 소유한 모습이 아니다. 신앙은 동시대적이고 반성적인 것이다. 하버마스에게 신앙의 개념은 역사적이고 비교적인 성격을 가지고 있다.

하지만 하버마스는 세계 초월적인 영감의 가능성을 단호하게 거절한다. 계시나 초월 같은 언급을 배제한다. 전형적인 종교성을 거절

---

29   MacKendrick & Sheedy, "The Future of Religious History in Habermas's Critical Theory of Religion," 157.

30   MacKendrick & Sheedy, "The Future of Religious History in Habermas's Critical Theory of Religion," 158.

하는 것이다. 반면, 희망, 기억, 연대와 같은 보편적인 개념을 공유하는 종교 언어는 보존될 수 있다고 말한다. 이 세 가지 개념은 이미 도덕 담론에 대한 그의 이전 책들에 언급된 바 있다.[31] 하버마스는 진보적인 성향을 버리지 않으면서도 퇴행적인 경향을 진정시키기 위해 새로운 방식으로 종교를 정의한다.

3. 후기 하버마스의 사유 속에서 종교의 역할

하버마스는 최근에 **탈형이상학적 이성**(postmetaphysical reason)이라는 개념을 사용해 종교와 철학의 관계를 설명하고 관련된 논의를 집중적으로 전개하고 있다. 하버마스는 이미 결정된 경험의 조건들을 버리고 일상적인 의사소통을 통해, 즉 언어와 말의 사용을 통해 상호이해가 가능하다고 말한다. 그리고 그 가능성이 선험적으로 주어졌거나 고정된 형식으로 정형화되지 않고 언제든지 미래에 열려 있기 때문에 이는 약한 초월론적 성격을 가지고 있다. 한편 이 초월적 지식은 역사적 맥락에 내재되어 있고 합리적 이성을 통해 재구축할 수 있기 때문에 탈형이상학적 이성이라고 부른다. 그가 말하는 탈형이상학적 이성은 종교적 신념에 대해 불가지론에 가까운데, 철학적 진리 주장은 어느 장소에서든 누구에게나 수용될 수 있는 이성

31　MacKendrick & Sheedy, "The Future of Religious History in Habermas's Critical Theory of Religion," 166.

에 의해 지지를 받을 수 있어야 하지만, 종교적 확신은 그러한 이성에 의해서 공적인 지지를 받을 수 없기 때문이다.[32] 여기서 중요한 것은 어떤 타당성 주장이든 그것은 인간의 실천과 역사를 넘어서는 것이 아니라 철저히 내재적이라는 사실이다. 그러면서 동시에 탈형이상학적 이성은 맥락 초월적 힘(context-transcending power)을 가지고 있고, 이를 내재적 초월(immanent transcendence)의 과정이라고 말한다.[33] 이것은 특별한 실천, 판단, 타당성의 기준이 어떤 특별한 시간에 사회문화적 맥락 속에서 보급되고 퍼지는 특별한 능력을 말한다. 중요한 것은 그 맥락 초월적 힘의 원천이 형이상학적인 것이 아니라 "세계 내적인" 것이라는 데 있다. 그리고 그것은 그가 계속해서 주장하는 일상의 의사소통적 실천 속에 내재한다.[34]

탈형이상학적 철학은 종교적 진리 주장의 타당성과 관련된 질문에 개입할 수 없다. 하지만 종교의 의미론적 자원이 "방법론적 무신론"의 태도를 수용하고, 중립적인 언어로 그 내용이 번역될 수만 있다면 철학에서도 그 주장을 활용할 수 있다.[35] 그는 그 가능성을 열

---

32 Maeve Cooke, "Salvaging and secularizing the semantic contents of religion: the limitations of Habermas's postmetaphysical proposal," *International Journal for Philosophy of Religion* 60.1-3 (2006), 188.

33 Jürgen Habermans, *Between naturalism and religion: Philosophical essays* (Cambridge: Polity, 2008), 35.

34 Cooke, "Salvaging and secularizing the semantic contents of religion: the limitations of Habermas's postmetaphysical proposal," 188.

35 Cooke, "Salvaging and secularizing the semantic contents of religion: the limitations of Habermas's postmetaphysical proposal," 188.

어둔다면 과거와 같이 완고한 태도로 철학과 종교, 공론장과 종교가 대립적인 관계를 유지할 필요가 없다고 말한다.

『의사소통 행위이론』에서 하버마스는 담론의 범주를 토론의 생성과 과정이 이상적으로 가정된 공적 토론으로 상정했다. 모든 사람이 동일한 이성을 가지고 타당성 주장을 논의하는 모델을 상정한 것이다. 그런데 1991년에 쓴 『담론윤리의 해명』 이후 하버마스는 윤리적-실존적 담론이 이끄는 실천 이성의 모델을 도입한다.[36] 담론이론의 범주를 확장해 윤리적이고 실존적인 담론을 수용하기 시작한 것이다. 찰스 테일러가 말한 "강한 가치 평가"가 공적 토론의 장에 진입한 것이다. 이후에 하버마스는 『사실성과 타당성』에서 본격적으로 담론장에 개입하는 집단적인 자기 이해와 목적을 분명히 제시하고 윤리적인 담론을 수용할 수 있는 이론적인 토대를 마련한다.

하버마스는 자신의 사유가 바뀌게 된 이유를 다음과 같은 두 가지로 제시한다. 첫째, 최근 생명공학의 발전에 따른 인간의 본성에 대한 위협 때문이다. 인간을 도구화 하거나 하찮게 여기는 풍조가 점점 늘어나고 있다. 종교는 이 부분에 있어서 좋은 대안을 제시해 줄 수 있다. 둘째, 9·11 테러 이후 과격한 근본주의자들에 의해서 종교 간 갈등이 심각한 문제로 대두되었기 때문이다. 이제는 단순히 세속화를 더욱 급진적으로 몰아붙이거나 근대화를 완성하는 것으로 이러한 갈등과 분쟁을 해결할 수 없는 시대가 도래했다. 따라서

36　위르겐 하버마스, 『담론윤리의 해명』, 이진우 옮김(서울: 문예출판사, 1997).

하버마스는 민주주의 사회에서 종교적인 논의를 포함하는 것은 사회 발전을 위해서도 중요한 자원이 될 수 있다고 판단한다. 또한 중요한 종교 전통들이 가지고 있는 의미론적 자원은 탈형이상학적 사유를 풍성하게 해줄 수 있는 여지를 충분히 가지고 있다고 말한다.[37]

하바머스는 이런 아이디어를 심의 민주주의 사회에서 종교의 역할과 지위를 고민했던 존 롤스(John Rawls)의 관점에서 착안했다고 한다. 롤스는 종교적 신념을 가진 이들의 정체성과 정치에 참여하는 시민으로서의 정체성이 일으키는 갈등과 모순을 해결하기 위해 고심했다. 하지만 하버마스는 롤스의 해결책이 그리 적절하지 못하다고 판단하고 자기만의 대안을 제시한다.[38] 하버마스는 롤스의 공적 이성(public reason) 개념이 자유민주주의 사회에 살고 있는 사람들에게 상당한 심리적 짐을 지운다고 비판한다. 왜냐하면 그것이 자신의 종교적 신념과 민주주의 시민으로서의 정체성이 서로 갈등을 일으키게 추동하기 때문이다. 종교인들이 공적 영역에서 자신의 종교적 입장을 가지고 정치적 토의에 참여하려 할 때, 그들의 정체성을 형성했던 포괄적인 교리를 배제할 것을 요구받는다. 결과적으로 공적인 자리와 비공적인 자리에서의 정체성이 서로 갈등을 일으키는 심리적 부담을 피할 수 없게 된다. 롤스는 종교인들에게 그들의 종

---

37   Cooke, "Salvaging and secularizing the semantic contents of religion: the limitations of Habermas's postmetaphysical proposal," 189.

38   Cooke, "Salvaging and secularizing the semantic contents of religion: the limitations of Habermas's postmetaphysical proposal," 189.

교적 신념이 얼마나 중요한 역할을 하는지 간과했다. 종교인들에게 종교적 신념은 단순히 특별한 내용에 대한 교리적 헌신이 아니다. 그것은 그들의 삶 전체를 형성하고 구성하는 중요한 자원이다.[39] 결코 주변적인 문제가 아니다. 종교적 신념은 신념의 중심부에 견고하게 자리 잡은 중심축이다.

하버마스는 롤스를 비판하면서, 종교인이든 비종교인이든 민주주의 공론장에서는 그들 모두의 주장을 평등하게 들어주어야 한다고 말한다. 다만 하버마스의 조건은 이런 논의들이 세속적인 언어가 허용할 수 있는 범위 안에서 진행되어야 한다는 것이다.[40]

> 종교 전통은 도덕적 직관을 표현하는 특별한 힘을 가지고 있다. 특별히 공동체의 연약한 형태와 관련해서는 더욱 그렇다. 정치적인 논쟁에 상응하는 이런 잠재력은 종교적 발언을 가능한 진리 내용을 전달하는 수단으로 만들어준다. 그리고 특정 종교 공동체의 어휘는 일반적으로 접근 가능한 언어로 번역될 수도 있다. 그러나 거친 정치적 공론장과 정치 단체 내부의 형식적인 절차들이 가지고 있는 제도적 한계점들은 비공식적인 의사소통을 걸러내서 오직 세속적인 것만을 수용할 수 있는 필터 역할을 한다.[41]

39   Cooke, "Salvaging and secularizing the semantic contents of religion: the limitations of Habermas's postmetaphysical proposal," 190.

40   Cooke, "Salvaging and secularizing the semantic contents of religion: the limitations of Habermas's postmetaphysical proposal," 190.

41   Habermans, *Between naturalism and religion: Philosophical essays*, 131.

하버마스가 종교의 타당성 주장을 공론장에서 수용해야 한다고 말할 때, 그것이 의미하는 바는 시민 사회의 **약한 공론장**(weak publics)에 대한 것이다. 의견을 제시하고 논의할 수 있는 약한 공론장은 의회나 법원과 같이 민주주의의 규범성을 정하는 공론장과는 다른 성격의 것이다. 이 둘은 서로 지속적으로 서로에게 영향을 주고받아야 하지만 엄연히 구분된다. 하버마스는 종교가 약한 공론장과 관련이 있다고 말한다. 반면 법정적이고 의사 결정적인 공론장은 오직 세속적인 이성에 의해서만 허용되어야 한다.[42] 여기서 세속적인 이성은 모두가 수용할 수 있는 이성을 말한다. 핵심은 **번역**이다. 신자나 비신자나 모두 약한 공론장에서 논의한 내용은 반드시 모두가 접근할 수 있는 세속적인 언어로 번역되어야만 한다.

하버마스는 주요 종교 전통으로부터 탈형이상학적 철학이 어떻게 도움을 받을 수 있는지도 설명한다. 세속적인 시민은 종교인들에게서 그들의 종교적 상상력, 이야기, 직관, 통찰력과 같은 어떤 영감을 받을 수 있다. 종교인들이 **구원**이라고 말하는 담론 속에는 정체된 현상을 뚫고 넘어갈 수 있는 힘이 있는데, 세속적인 공론장에서는 그것을 세속적인 언어로 번역해서 사용할 필요가 있다는 것이다. 하버마스는 실제로 철학자들이 사회 변혁의 아이디어를 종교적인 이미지에서 차용한 예를 제시한다. 마르크스는 사회의 해방에 대한 아이디어를 칸트가 지상에 임한 하나님 나라 개념을 세속적인 버전으

---

42 Cooke, "Salvaging and secularizing the semantic contents of religion: the limitations of Habermas's postmetaphysical proposal," 193.

로 묘사한 것에서 차용했다. 헤겔의 "실증성", "소외", "물화"와 같은 개념은 유대 기독교 전통에 근거한 개념들을 세속적으로 번역한 것이다. 발터 벤야민의 "회상의 연대" 개념도 최후 심판에 대한 신앙을 세속화한 것이라 할 수 있다.[43] 약한 공론장에서는 이런 종교적 통찰과 이미지들이 상호 영향을 주고받으면서 새로운 사회적 상상력으로 활용될 수 있다. 세속 사회 속에서 종교는 끊임없이 새로운 가능성을 열어주고 희망의 근거를 제시하는 기능을 할 수 있다.

그런데 매브 쿠크(Maeve Cooke)는 하버마스가 계속해서 번역을 강조하는 것이 어쩌면 롤스의 논의를 그대로 따라가는 것이 아니냐고 되묻는다. 하버마스가 롤스의 공적 이성을 극복하려고 한 시도는 높게 평가할 수 있지만, 번역에 대한 과도한 집착이 결국 롤스의 딜레마를 반복하는 결과를 초래했다는 것이다.[44] 또한 종교적 이성을 정치적 심의에서 배제시키는 것은 정치적 자율성이라는 개념을 현저히 약화시킬 수 있다.[45] 민주주의는 토론과 심의를 통해 학습되고 이런 과정을 통해 의견의 자율성이 보장되는 경험을 누적시킨다. 사회를 성장시키는 학습 과정은 본질적으로 그 결말이 열려 있어야

---

43 Cooke, "Salvaging and secularizing the semantic contents of religion: the limitations of Habermas's postmetaphysical proposal," 195.

44 Cooke, "Salvaging and secularizing the semantic contents of religion: the limitations of Habermas's postmetaphysical proposal," 196.

45 Cooke, "Salvaging and secularizing the semantic contents of religion: the limitations of Habermas's postmetaphysical proposal," 198.

한다. 역사적 경험은 언제나 새로운 상황 속에서 논의를 재해석하고 재구성하면서 만들어진다.[46] 종교가 가지고 있는 풍성한 의미 체계와 가치를 공론장은 얼마든지 새로운 의미로 생산하고 발전시킬 수 있기 때문에 민주주의의 발전을 위해서도 종교의 적극적인 참여는 장려되어야 한다.

또 다른 비평가들은 하버마스가 다원성에 대한 감수성이 부족하고 종교에 대한 이해가 너무 편협하다는 점을 지적한다. 많은 비평가들이 지적한 것처럼 하버마스는 계몽주의의 이상을 이어가는 지극히 합리적인 틀 속에서만 공론장을 사유한다. 직접적으로는 그가 타자를 다루는 방식에 문제가 있다는 지적인데, 종교라는 것이 어쩌면 타자의 현존을 부분적으로 보여주는 하나의 사례가 될 수 있기 때문에 이것을 공론장에서 수용하지 못한다면 그가 말하는 열린 공론장은 도대체 누구를 위한 것이냐는 비판이 가능하다.[47]

하버마스는 또한 합리적인 종교만을 인정하는데, 이는 종교에 대한 매우 얇은 이해라고 할 수 있다. 종교는 인지적이고 도덕적인 담론을 넘어서는 훨씬 풍성한 내용을 가지고 있다. 종교의 생생한 모습은 공동체, 경험, 예전과 같은 형태를 통해서 전달되는데, 하버마스의 접근으로는 이런 내용을 온전히 담아낼 수 없다. 그가 제시하

---

46 Cooke, "Salvaging and secularizing the semantic contents of religion: the limitations of Habermas's postmetaphysical proposal," 198.

47 Dreyer & Pieterse, "Religion in the public sphere: What can public theology learn from Habermas's latest work?" 5.

는 종교의 보편적이고 합리적인 모습은 종교가 가지고 있는 특수한 전통과 맥락, 독특성을 전혀 이해하지 못한 것이다.[48] 하버마스가 그토록 중요하게 생각하는 **타자 수용하기**(inclusion of the other)가 진정으로 실현되려면 공론장에서 종교의 생생한 모습까지도 받아들일 수 있는 용기가 필요할 것이다.

4. 공공신학은 어떤 공론장을 만들 것인가?

공공신학자들의 연구와 토론이 아마도 하버마스에게 어느 정도 영향을 미친 것 같다. 하버마스는 공론장과 종교에 대한 초기 입장을 점차 수정하더니, 2001년 라칭거 추기경과 대화한 내용에서는 세속화에 대한 자신의 생각을 수정하고 공적 삶에 있어서 종교와 신학의 역할을 더욱 진지하게 고려하기 시작했다. 종교와 신학이 공동선과 공적 삶에 기여하고, 인간의 존엄성과 평화에도 독특한 기여를할 수 있다고 생각한 것이다.[49] 두 사람의 만남은 이후에 이성과 신앙, 공론장과 종교의 대화를 이끄는 기폭제가 되었고, 이들의 대화를 다룬 논문과 저서까지 출판되었다. 지금도 현대 사회에서 종교와

---

48   Dreyer & Pieterse, "Religion in the public sphere: What can public theology learn from Habermas's latest work?" 5.

49   위르겐 하버마스 & 요제프 라칭거, 『대화: 하버마스 對 라칭거 추기경』, 윤종석 옮김(서울: 새물결, 2009).

이성의 역할, 더 나아가 양자의 공존에 대한 하버마스의 주장은 학자들 사이에서 활발하게 토론 중이다.

앞에서 간단하게 살펴봤듯이 공론장과 종교의 관계에 대한 하버마스의 연구는 여전히 몇 가지 지점에서 비판을 받고 있다. 하지만 그가 공공신학에 기여한 중요한 지점이 있다는 건 부인하기 어렵다. 자코 드라이어(Jaco S. Dreyer)와 헨니 피터스(Hennie J. C. Pieterse)가 제시한 하버마스의 몇 가지 공헌을 소개하면 다음과 같다.[50]

첫째, 종교는 의사소통 합리성의 중요성을 인식하고 공동의 포럼에 참여해야 한다. 종교는 현실적이고 비판적이며 논쟁적인 토론의 장소에서 다양한 이슈와 대화의 내용을 발견해야 한다. 일반 시민과 종교 공동체 멤버들이 함께 의견을 교환하고 상호 비판을 주고받을 수 있는 장소가 필요하다. **둘째, 공공신학은 생활세계와 연결되어야 한다.** 종교가 다르고, 전통이 다른 이들과 함께 연대하면서 경험을 공유하고 함께할 수 있는 일들을 찾아야 한다. 사회적 연대를 통해 소외된 이들을 돌보고 공동의 사명과 사역을 함께 만들어가야 한다. **셋째, 종교는 세계에 대한 자기만의 해석을 고집해서는 안 된다.** 만약 교회가 공적 논쟁에 참여하게 된다면, 교회는 세속 국가가 주장하는 내용을 수용할 줄 알아야 한다. 공론장에서 종교인과 비종교인이 의견을 조율하고 그 방법을 논의할 때 공통의 이

---

50   Dreyer & Pieterse, "Religion in the public sphere: What can public theology learn from Habermas's latest work?" 5-6.

해에 기반해야 한다. **넷째, 종교는 공적 논쟁에서 합리적인 논증으로 참여할 수 있다.** 하버마스는 종교가 공론장에 참여할 수 있는 방법과 규칙을 제시해주었다. 이 부분은 공공신학이 주의 깊게 경청하고 숙고할 필요가 있다. 종교 언어가 세속적인 언어로 번역되어야 한다는 그의 주장을 일방적으로 수용할 필요는 없을지라도 공공신학은 기본적으로 이런 규칙을 받아들여야 한다.[51]

종교적 신념이 세속 언어로 번역되어야 한다는 하버마스의 주장은 공공신학자들 사이에서 낯선 이야기가 아니다. 이미 많은 신학자들이 이 부분에 대해 언급한 바 있다. 『공공신학 국제 저널』 창간호에서 세바스찬 킴(Sebastian Kim) 편집장은 "공공신학은 공적 의사결정에 영향을 끼치고, 또 실질적인 공적 담론으로부터 배우기 위해 공통의 언어를 사용하여 전달해야 한다"고 말한 바 있다.[52] 공공신학의 특수성과 맥락성을 강조하는 남아공의 신학자들 역시 번역의 필요성에 대해서는 동일한 견해를 가지고 있다. 그렇다면 문제는 종교 공동체가 자신의 신념을 세속 언어로 번역을 해야 하느냐 마느냐가 아니라 그것을 어떻게 할 것이냐다.

번역에 대한 하버마스의 강요는 너무나 많은 종교 전통과 종교 생활을 걸러내는 역할을 하며, 결국 종교에 대한 합리적인 접근만을 허용하게 만든다. 어떤 이들은 이렇게 종교의 합리적인 성격만

---

51 Dreyer & Pieterse, "Religion in the public sphere: What can public theology learn from Habermas's latest work?" 5-6.

52 Sebastian Kim, "Editorial," *International Journal of Public Theology* 1.1 (2007), 1.

을 강조하는 것은 오늘날 전형적인 정치적 자유주의의 프레임이라고 말한다.[53] 세속적인 패러다임은 종교가 세속적인 세계에 적응하도록 강요한다. 하지만 종교가 정치와 공적 삶에 침범하는 것처럼 보이게 만드는 세속 국가 모델은 결코 보편적인 모델이 아니다. 이미 아프리카와 아시아에서 종교와 정치에 대한 다양한 모델은 세속 국가 모델과 상반되는 모습을 보여주고 있다. 사람들은 종교를 이용해 불안과 공포 그리고 선전을 목적으로 대중을 동원하고 활용한다. 공론장에서 종교는 실제로 다양한 모습으로 자신을 드러내며 권력을 과시한다. 따라서 공론장에서 종교는 이런 모습, 이런 방식으로 참여해야 한다고 규범적으로 대안을 제시하기보다는 현재 다양한 방식으로 이미 참여하고 있으며 자신의 욕구를 실현하고 있는 종교 공동체에게 그들이 말하는 공공성은 무엇이냐고 물어보는 것이 필요하다. 과연 공공신학은 무엇을 위해, 누구를 위해 필요하며, 그것이 함의하고 있는 바는 무엇인가? 이는 단순히 공공신학의 형식과 정체성에 대한 질문을 통해 얻을 수 있는 답이 아니라 실제로 우리들이 어떤 방식으로 공공성에 대한 개념을 얻게 되었고, 그것을 어떤 목적으로 사용하는지에 대한 다양한 비판적 접근을 통해 얻을 수 있는 답이다. 스미트는 다음과 같은 질문을 스스로에게 던짐으

---

53 Partha Chatterjee, "Fasting for Bin Laden: the politics of secularization in contemporary India," David Scott and Charles Hirschkind, *Powers of the secular modern: Talal Asad and his interlocutors* (Stanford: Stanford University Press, 2006), 59-61. Dreyer & Pieterse, "Religion in the public sphere: What can public theology learn from Habermas's latest work?" 6에서 재인용.

로써 공공성의 의미를 다시 생각해 보자고 제안한다.[54]

- 정보는 어디에서 어떻게 전파되는가?
- 누가 뉴스를 읽는가?
- 누가 라디오를 듣는가?
- 누가 어떤 텔레비전을 보는가?
- 누가 인터넷을 사용하는가? 그리고 이 사람에게 공적 매체는 어떤 영향을 끼치는가? 어떤 가치가 그들의 소통을 지배하는가?
- 그들은 누구를 섬기는가?
- 사람들의 실제 삶에 영향을 끼치는 결정은 어디에서 만들어지는가?
- 공적 의견은 어디에서 형성되고, 공동선은 어떻게 만들어져야 하는가?
- 누가 이 과정에 참여하는가?

정치인들이 시민의 의견을 어떻게 반영하고, 누구를 대변하며, 어떻게 여론을 수렴하는지는 매우 중요한 문제다. 실제로 하버마스가 이념형으로 상정한 소통의 구조와 형성이라는 것이 일반 대중에게는 매우 낯선 것일 수도 있다. 공공신학에 제기된 질문은 사회의 변화에 발맞춰서 교회와 신학이 다양한 질문들을 어떻게 수용하고 대변하고 있는지와 관련 있다. 그렇다면 교회와 신학은 사람들이 고민하고 필

---

54   D. J. Smit, "What does "public" mean? Questions with a view to public theology," 31.

요로 하는 것을 진지하게 고민하고 응답하고 있는가? 교회는 자신의 지역에서 주민들의 필요와 의견을 수용하고 여론을 수렴할 수 있는 공간으로 역할을 하고 있는가? 대중의 눈높이에서 공론을 만들 수 있는 자리에 있는가? 교회는 누구의 목소리를 귀담아 듣고 있는가?[55]

하버마스에게 제기되는 비판 중 하나는 그것이 너무나 합리적이고 심의와 숙고를 거친 후에만 가능하다는 것이다. 그러나 사람들은 그들이 느끼고 경험하고 행동하는 것에 의해서 자신들의 의제를 새롭게 만들어간다. 특별히 감정이나 개인적인 경험은 합리적 논증이나 객관적 사실보다 사람들의 의견을 바꾸는 힘이 더 세다.

그렇다면 다시 한번 질문해보자. 복음이 공론을 형성할 수 있다고 할 때, 지적인 토론과 비판적 성찰이 가장 적절한 수단일까? 교회나 신학이 공공성을 증진하고 공론을 만든다고 할 때, 그 방법이 과연 합리적인 논증이어야 하냐는 것이다. 정의를 위한 신학, 합리적인 의사소통을 통한 신학이 아니라 오히려 돌봄과 배려의 신학이 공론을 만드는 데 더 효과적이지 않을까?[56] 다음 장에서 이 내용을 더욱 자세히 논의해보도록 하겠다.

---

55 Smit, "What does "public" mean? Questions with a view to public theology," 31.

56 Smit, "What does "public" mean? Questions with a view to public theology," 33.

5

네 번째 길: 공적 분노와 해방신학의 재구성

일반적으로 공공신학은 세속화 이후 민주주의 사회를 살아가는 시민들이 합의와 협력을 통해 공적인 가치를 보존하고 만들어가는 서구적 기독교 윤리라 할 수 있다. 따라서 투쟁과 갈등보다는 조화와 화합, 소통 같은 가치를 중요하게 다룬다. 그런데 이와 다른 맥락에서 공공신학을 이해하는 학자들이 있다. 신앙과 공적 삶의 관계가 때로는 투쟁과 갈등의 모습을 취하기도 한다. 주로 제3세계 공공신학자들이 이런 입장을 취하고 있는데, 이는 이들이 가지고 있는 지리적·정치적 상황 때문에 공적 참여가 자연스럽게 투쟁의 모습으로 발생했기 때문이다. 이들이 제시하는 공공신학은 조화로운 것도 아니고, 합리적이거나 토의를 통한 추론도 아니다. 이들은 공공신학이 권력과 갈등 그리고 다양한 투쟁(해방을 위한 투쟁, 자유를 위한 투쟁, 정의와 인권을 위한 투쟁, 평등과 동등성을 위한 투쟁)과 관련되어 있음을 보여준다. 공공신학을 이렇게 갈등과 투쟁으로 이해하는 방식의 뿌리에는 해방신학과 정치신학이 자리 잡고 있다.

어느 나라든 민주화 이전과 이후에 신학의 방법론이나 방향이 같을 수는 없다. 해방신학과 정치신학의 과제가 경제적 억압과 정치적 해방을 위한 투쟁이었다면, 민주화 이후에는 기독교가 어떻게 공공선을 증진하고 인간의 번영을 위해 시민 사회와 함께 보조를 맞추느냐로 신학의 관심이 변했다. 문제는 여기에서부터 시작된다. 과연 민주화 이후에 해방신학은 그 유효기간이 끝난 것인가? 공공신학은 민주화 이후에 가장 적절한 신학 방법론으로 자리를 잡을 수 있을 것인가? 세계화라는 또 다른 제국주의적 경제 질서에 기독교는 어떻게 대응해야 하는가? 공공신학을 다루는 네 번째 길목에서는 이런 질문으로부터 해방신학과 공공신학의 접점은 무엇이며 이 둘의 관계는 어떠해야 하는지를 살펴본다. 이어서 오늘날 공공신학이 새로운 환경 속에서 어떻게 해방신학의 과제를 수용할 수 있는지도 알아보도록 하겠다.

1. 해방신학의 변혁

80년대 후반부터 제3세계 국가들 사이에서 빠른 속도로 민주화와 세계화가 진행되면서 신학의 패러다임도 빠르게 변화되었다. 이 시기에 러시아를 중심으로 한 소비에트 연방이 해체되고, 남아공의 아파르트헤이트가 사라졌으며, 독일이 통일되고, 유럽이 하나로 연합하는 움직임을 보였다. 동시에 제3세계 국가에서는 민주주의와 세계화가 빠른 속도로 진행되고 있었다. 지금까지 해방신학은 다양한 방식으로 유럽과 서구 사회에 대한 대립과 투쟁을 자신들의 고유한 사명으로 인식하며, 투쟁의 현장에 적극적으로 개입하고자 했다. 그러나 기존의 해방신학은 새로운 세계를 맞이해서 다른 모습으로 전환되어야 한다는 주장이 여러 학자들에 의해서 제기되고 있다. 많은 신학자들이 해방신학의 유효기간이 끝났고 이제는 공공신학으로 전환해야 한다고 이야기하고 있다. 실제로 브라질과 남아공의 신학자들은 자신들이 그동안 연구하고 쌓아온 해방신학의 결과들에 대해서 다시금 재고하는 과정을 거치고 있다. 자국 내에서는 민주화를 맞이하고, 국외적으로는 세계화의 흐름이 빠르게 유입되면서 신학의 전환을 고민하지 않을 수 없게 된 것이다.

힌켈라메르트, 구티에레즈, 보프가 전통적인 해방신학의 의제를 고수하면서 새로운 시대의 요청에 응답하고자 한다면, 루돌프 폰 시너 (Rudolf von Sinner)와 이반 페트렐라(Ivan Petrella) 같은 학자는 해방신학이 이제는 다른 방식으로 자신들의 신학적 의제를 재설정해야 한다고 주장한다. 전통적인 해방신학자들은 투쟁의 대상이 바뀌었을 뿐 여전히 해방신학의 의제는 유의미하다고 말한다. 반면, 폰 시너와 페트렐라는 민주화 이후 다원화된 사회 속에서 해방신학의 의제가 어떤 방식으로 공론화되어야 하는지에 보다 많은 관심을 가지고 있다.

해방신학의 새로운 변화를 모색하고 있는 폰 시너는 베를린 장벽이 무너진 1989년 이후 해방신학자들은 더 이상 자신들의 고유한 신학적 의제를 적극적으로 발전시키지 못했고 자기비판에 몰두하는 시간을 갖게 되었다고 말한다. 그렇다고 해방신학이 사장된 것은 아니다. 이들은 새로운 상황에 맞게 **가난한 자들에 대한 우선적 선택**이라는 의제를 발전시켰는데, 가난과 빈곤의 문제를 가지고 세계화와 신자유주의 정치학을 새로운 저항의 대상으로 삼은 것이다. 또한 다양한 계급분화로 말미암아 파생된 새로운 피억압자에 대한 분석과 여성 및 성적 소수자에 대한 문제제기, 과도한 개발로 인한 생태계 파괴 등이 해방신학의 새로운 의제로 떠올랐다.

하지만 폰 시너는 여전히 이러한 새로운 의제들을 효과적으로 수행할 수 있는 구체적인 대안이 제시되고 있지 않다고 말한다. 왜냐하면 역설적이게도 가장 대표적인 정치신학으로 알려진 해방신학이 그동안 구체적인 정치학에 그다지 관심이 없었다고 판단하기 때문이다. 의외로 그동안 해방신학자들은 자신들의 의제를 실현시킬 구체적인 법 제정과 정치 활동에 관심을 쏟지 않았다.[1]

페트렐라 역시 동일한 진단을 내린다. 그는 해방신학의 새로운 의제를 다음과 같이 제시한다. 첫째, 가난한 자들에 대한 선택이라는 핵심 개념을 재설정하고, 둘째, 시민사회와 일상생활 속에서 인간성이라는 기본 범주를 재규정하고, 셋째, 자본주의가 우상임을 폭로해야 한다. 그런데 이런 의제를 제시함에 있어서 오늘날 해방신학자들은 새로운 기획을 전면에 내세우는 데 다소 미온적인 태도를 보인다고 지적한다.[2]

---

[1]   Rudolf von Sinner, "Brazil: From Liberation Theology to a Theology of Citizenship as Public Theology," *International Journal of Pubic Theology* 1.3 (2007), 346.

[2]   Ivan Petrella, *The Future of Liberation Theology: An Argument and Manifesto* (London: SCM, 2006), 111.

그래서 폰 시너는 앞으로 해방신학이 자신들의 의제를 수행하기 위해 사회 문제에 구체적으로 천착해야 한다고 말한다. 단순히 불완전한 민주주의에 대한 단점들을 지적하거나 신자유주의가 양산하고 있는 우상숭배적인 요소들을 들춰내는 것을 넘어 사회의 구체적인 대안을 제시하기 위해 학제적 연구(특별히 정치학과 법학)에 집중해야 한다는 것이다.[3] 여기에 더해 폰 시너가 제안하는 새로운 해방신학의 의제는 **시민권의 신학**(Theology of Citizenship)이다. 이는 사회적 배제와 이에 대한 저항의 신학으로서 오늘날 시민권에 대한 다양한 정치적 담론을 담아내고자 하는 기획이다.

해방신학의 새로운 혁신을 가장 적극적으로 주도하고 있는 페트렐라는, 이제 해방신학은 자신들의 의제를 역사적 프로젝트로 상정해서 그것을 사회 중심부로 밀어 넣으려는 시도를 포기해야 한다고 말한다. **이것 아니면 안 된다**(either/or alternative)는 식으로 신학적 의제를 시민사회에 관철시키려 하기보다는 비판과 순차적인 과정을 통해 구성적인 네트워크를 만들어야 한다는 것이다. 그동안 해방신학자들은 새로운 정치 패러다임에 적극적으로 동참하지 못했고, 그 본질을 제대로 파악하지 못했다는 비판이다. 지금까지 해방신학자들이 새로운 역사 프로젝트에 지나친 관심을 가지고 있었다면, 이제는 그 프로젝트를 실행시키기 위한 구체적인 절차를 마련해야 한다는 것이다.

폰 시너와 페트렐라는 기존의 해방신학과는 다른 방식으로 오늘

---

3 Sinner, "Brazil: From Liberation Theology to a Theology of Citizenship as Public Theology," 348.

날 시민사회에 신학이 기여해야 한다고 말한다. 그런 점에서 이를 공공신학이라 말할 수 있겠지만, 이는 분명 영미권에서 유행하고 있는 그것과는 상당한 거리가 있다. 여전히 이들에게는 저항과 투쟁에 신학의 방점이 찍혀있기 때문에, 합의와 조화를 강조하는 공공신학자들과는 그 성격이 다르다. 세계화와 신자유주의 정치경제학은 이전의 사회분석으로는 설명할 수 없는 새로운 지배구조와 피지배 계층을 만들어냈다. 따라서 오늘날 해방신학의 의제는 피지배 계층에 대한 새로운 분석, 여성들의 인권 문제, 성적 소수자 문제, 개발로 인한 생태계 파괴와 같은 문제들로 재편되어야 한다. 이처럼 오늘날 해방신학자들은 공공신학과의 문제의식을 공유하면서 새로운 변혁을 꾀하고 있다.

2. 남아공에서의 공공신학 논쟁

남아공의 신학자 빌라-비센치오(C. Villa-Vicencio)는 남아공의 변화된 상황에 적응하기 위한 새로운 신학적 메타포로 **재건신학**(reconstruction theology)을 주장한다. 이는 오늘날 교회의 사명이 투쟁과 갈등이 아닌 새로운 인간성 회복과 민족들의 재건을 돕는 것에 있음을 밝힌 것이다. 재건신학은 공동체적 연대와 개인적 성취를 동시에 이루는 **긍정의 신학**이다. 그리고 이러한 긍정의 신학을 **포로기 이후의 신학**(post-exilic theology)이라고 명명한다. 포로기 이후의 신학은 안정적인 삶의 터전을 떠나 새로운 곳으로의 이동을 의미하며, 이는 투쟁을 위한 기존의 연대를 해체시켜 새로운 의제를 상정하려는 신학적 기획이다.

재건신학은 인종과 계급, 성적 차별 같은 부당한 관계들을 종식시키고, 창조된 모든 것들을 포괄하며, 다양한 가치들을 새롭게 세워주는 역할을 감당한다.[4] 따라서 재건신학은 기존의 해방신학과는 전혀 다른 임무를 수행해야 하고 새롭게 구성되어야 한다. 이념 갈등과 대립 그리고 반목을 넘어 해방신학은 새로운 시기를 맞이해 공공의 신학으로 탈바꿈되어야 한다는 것이다.

하지만 이러한 변화에 반발이 없는 것은 아니다. 아직까지 제3세계에서는 공공신학의 유입이 시기상조라는 주장도 있다. 남아공 신학자 말루레케(Tinyiko Maluleke)는 공공신학이 남아공의 현실을 제대로 담아내지 못한다고 날카롭게 비판한다.[5] 복지와 분배를 말하고, 통합과 조화를 강조하는 공공신학은 여전히 억압과 핍박으로 고통당하는 수많은 민중들에게 대안이 되지 못한다는 것이다. 6장에서 자세히 다루겠지만 세계화 시대를 맞아 제3세계의 민중에게 필요한 것은 공공신학이 아니라 새롭게 구성된 반제국주의 신학이라는 것이다. 말루레케가 지적한 것처럼 아직도 투쟁의 상황 속에 있는 많은 나라에서 공공신학이 새로운 패러다임으로 자리 잡기에는 다소 이른 감이 있다. 그래서 그는 "과연 공공신학이 오늘날 남아공의 현실을 담아내

---

4   Charles Villa-Vicencio, *A theology of reconstruction: Nation-building and human rights* (Cambridge: Cambridge University Press, 1992), 2-9.

5   Tinyiko Sam Maluleke, "Reflections and Resources The Elusive Public of Public Theology: A Response to William Storrar," *International Journal of Public Theology* 5.1 (2011), 79.

기 위한 가장 적합한 신학인지를 근본적으로 물어야 한다"라고 지적한다.[6] 이 땅에 여전히 분노하고 있는 사람들이 있으며, 이들이 다양한 방식으로 자신들의 분노를 표출하고 있는데, 과연 공공신학이 이들에게 어떤 대안과 대답을 제공할 수 있냐고 반문한다. 그는 공공신학이 지나치게 보편적이고 통합적이며, 지나치게 포스트모던적이고 사해동포적이기에 이러한 현실을 다루는 데 적합하지 않다고 비판한다. 말루레케가 지적한 것처럼 아직도 투쟁의 상황 속에 있는 많은 이들에게 공공신학은 새로운 패러다임을 제공해주지 못하고 있다. 공공신학이 서양 부르주아 중산층을 중심으로 확산되었기 때문에 이를 수용하는 제3세계 신학자들의 입장에서는 여전히 못마땅한 기획일 수 있다. 공공신학을 바라보는 지역 상황에 따라 그 평가가 판이하게 갈리는 것은 어쩌면 자연스러운 현상이라 할 수 있다.

오늘날 남아공의 신학자들은 해방신학에서 공공신학으로 넘어가는 길목에서 치열하게 신학적 토론을 이어가고 있다. 제3세계 국가들이 형식적인 민주주의를 이뤄냈음에도 불구하고 세계화의 도전과 변화 속에서 여전히 가난한 자들과 해방을 기다리는 수많은 사람들이 존재하기 때문에 공공신학은 해방신학의 유산을 그대로 이어가면서 발전해야 한다는 이야기가 설득력을 얻고 있다. 펠름 (Vuyani S. Vellem)은 민주화 이후에도 공공신학이 해방신학의 대체물로 기능해서는 안 되고 해방신학과 함께 상호보완적으로 활용되어

6　　Maluleke, "Reflections and Resources The Elusive Public of Public Theology: A Response to William Storrar," 79.

야 한다고 말한다.[7]

드 그루치 역시 아파르트헤이트 이후 행동신학의 과제가 달라져야 한다고 말하면서도 남아공에서는 해방신학과 공공신학이 공존해야 한다고 말한다. 오늘날 남아공은 세계화의 강력한 영향 아래 다종교 국가로 변하고 있으며, 민주주의 이후 경제적 불평등과 빈곤의 양극화라는 문제를 직면하고 있다. 그동안 정치적 민주화를 이뤄냈지만 신자유주의 경제 시스템이 모든 영역을 새로운 식민 통치 아래 포섭함으로 경제적 민주화는 제대로 이뤄내지 못했다.[8] 이들은 남아공 교회가 공공성을 회복하고 새로운 국가의 기반을 세우기 위해 힘쓸 뿐 아니라 경제적 불평등과 사회적 약자를 위한 투쟁에도 여전히 헌신해야 한다고 말한다.

남아공 공공신학자들의 주장이 어느 정도 설득력을 가지고 있는 것은 점점 확장되고 있는 세계화의 도전 앞에서 오늘날 신자유주의가 더 이상 자본의 외부를 만들지 않는다고 주장할 만큼 강력한 영향력을 모든 분야에 미치고 있기 때문이다. 오히려 세계화의 도전 앞에 이전의 해방신학자들이 문제 삼았던 속박과 종속의 문제가 더욱 첨예하게 드러나고, 과거 이념적 갈등과 정치적 종속관계로부터 시작된 해방으로의 부름이 이제는 경제적 속박과 이에 따른 문화적 종

---

7   Vuyani S. Vellem, "Ideology and spirituality: a critique of Villa-Vicencio's project of reconstruction," *Scriptura: International Journal of Bible, Religion and Theology in Southern Africa* 105.1 (2010), 547-548.

8   De Gruchy, "From Political to Public Theologies: The Role of Theology in Public Life in South Africa," 47-53.

속으로부터의 해방으로 확장되었기 때문이다. 따라서 많은 사람들이 해방신학이라는 트렌드가 구시대의 유물에 불과하다고 생각할지 모르지만, 오히려 반대로 이 시대에 해방신학의 필요성은 더욱 절실하다고 할 수 있다. 앞으로 해방신학은 다시금 해방의 주체와 대상을 분명하게 드러내고 무엇으로부터의 해방인지를 새롭게 재정의할 필요가 있다. 이는 과거의 해방신학과는 다른 목적과 과제를 제시하고, 공공신학이 기존에 다루고 있던 주제와도 다른 방향으로 전개되어야 한다는 사실을 알려준다.

니코 쿠프만은 이제 막 정치민주화를 이룬 남아공이 미국의 흑인 해방신학으로부터 많은 것을 배워야만 한다고 말한다. 미국의 흑인 신학자들은 미국이 민주주의를 성취한 이후에도 여전히 많은 사람들이 인종차별에 의해서만이 아니라 빈곤으로 인해서도 고통받고 있다고 지적한다. 코넬 웨스트(Cornel West)는 신학자들이 공적 삶(특별히 경제적인 영역)에 어떤 식으로 접근해야 할지 몰라 헤매고 있다고 말하면서 사회에 대한 기술적인 분석 없이는 예언자적 선포를 적절하게 수행할 수 없다고 말한다. 그는 흑인신학에는 적절한 사회이론이 부족하다고 말하면서 그 필요성을 역설한다. 흑인신학자들은 미국의 생산 시스템과 외교정책 그리고 문화적 실천들과 관련해서 어떤 방식으로 억압을 당하고 있는지 정밀하게 분석하지 못했고, 이에 대한 사회이론을 적절하게 활용하지 못했다고 지적한다.[9] 흑인신학자들이 국내

---

9   Cornel West, *Prophesy Deliverance! An Afro-American Revolutionary Christianity* (Louisville: Westminster/John Knox, 2002), 111-113.

외의 경제와 문화, 권력이 인종주의와 어떻게 관련되는지를 분석하지 않은 채, 사회문제를 신학적으로만 설명하려 했다는 것이다.

그동안 남아공을 비롯한 제3세계 국가의 해방신학자들은 인종주의, 계급주의, 성차별, 경제적 부정의, 빈부 격차에 맞서 열심히 싸워왔다. 그러나 이제 우리가 직면한 문제는 민주화, 근대화, 세계화, 포스트모더니즘이다. 투쟁의 대상이 변한 만큼 투쟁의 방법이나 전략도 새로워질 필요가 있다. 이제 우리에게는 이 시대를 다양한 각도에서 분석하여 기독교 신앙을 신실하게 실천할 수 있는 새로운 분석틀이 필요하다.

3. 다시 해방신학으로

오래전 구스타보 구티에레즈(Gustavo Gutiérrez)는 『해방신학』에서 개발 논리가 해방신학에 큰 걸림돌이라고 말한 바 있다. 그러나 한참 시간이 지난 지금, 많은 해방신학자들이 점점 개발의 신학과 대화하고 있다. 한편으로 해방신학자들이 그렇게도 갈망했던 유토피아, 즉 가난으로부터의 해방과 진정한 자유의 실현, 그리고 보편적인 복지와 같은 이상이 개발을 통해 이루어지고 있기 때문이고, 다른 한편으로는 오늘날 미국에서 점점 확산되고 있는 공공신학이 바로 이러한 해방신학의 주제들을 복음주의 진영 안으로 흡수했기 때문이다. 실제로 오늘날 공공신학을 전개하고 실천하는 학자들은 국내외적으로 직면한 문제를 해결하기 위해 다양한 방식으로 실질적인 도움을 제공하고 있다. 오늘날 공공신학은 시민사회와 연대해서 자발적 결사체를 조직하고, 도시의 범죄를 예방하고, 살기 좋은 도시를 만들기위해 노력한다. 시민들의 필요에 따라 복지 시스템을 구비하기 위한법적 절차를 마련하거나 행정적인 지원으로 돕기도 한다. 더 나아가국제적인 원조를 지원하거나 인도적 개입을 위한 다양한 시도를 하고 있다. 그런 점에서 공공신학의 성과를 결코 무시할 수 없다.

그럼에도 여전히 해방신학의 가치를 폄하할 수 없는 이유는 바로세계화를 새로운 제국주의로 해석하는 흐름 때문이다. 동구권의 몰락과 함께 해방신학의 전망이 부정적으로 평가되기도 했지만, 최근에는 경제의 글로벌화가 가속되면서 해방신학이 새로운 부흥기를맞이하고 있다. 저렴한 노동력이 제1세계로 유입되면서, 제1세계 자체가 제3세계로 변해가고 있다. 이제 제3세계라는 개념은 본래의 지리적인 개념을 넘어서 사회적인 의미로 확장되고 있다. 곧 사회 안에있는 가난한 하층계급을 의미하는 것이다. 그리하여 오늘날 제1세계거주민들은 역설적으로 제3세계를 경험하고 있다. 도시 속에 슬럼가가 형성되고, 극심한 빈부격차로 인한 범죄가 증가하고 있으며, 실업자들이 늘어나면서 새로운 빈곤계층이 증가하고 있다. 이런 현상은모두 **가난한 자들**에 대한 새로운 개념 규정을 요구하고 있다.

부유한 사람들과 수입이 많은 사람들은 통제된 커뮤니티 속에서자신들의 안전 영역을 확장하고 있으며, 스스로 자신의 안전을 지킬 수 없는 자들은 사회적 박탈과 탈락이라는 빈곤의 나락으로 떨어져 버린다. 이러한 진행은 이제 제1세계에서 현저하게 나타나고 있는 현상인데, 이로 인해 해방신학은 라틴 아메리카에서만큼이나 제1세계에서도 중요한 의미를 지니게 되었다. 그렇다면 해방신학은 주변부에서 발생하는 문제가 아니라, 중심부에서 논의되는 신학이며, 특별히 중심부와 주변부의 경계에서 끊임없이 발생하는 갈등 상황을 다루는 신학이다. 예를 들어, 오늘날 해방신학은 점증하고 있는 사회적 갈등과 모순을 분석하고, 인간의 존엄한 삶에 대한 기준과 가치를 재평가하고, 자연과 생명에 대한 존중, 미래의 불안과 위험사회에 대한 건강한 대안들을 제시할 수 있어야 할 것이다.

생산물과 시장의 글로벌화로 인한 제3세계의 불의하고 비인간적인 관계들이 제1세계에도 해당되는 문제라면, 제3세계 해방신학이 지향하는 세상과의 관계성은 보편적인 주제로 새롭게 다뤄져야 할 것이다. 따라서 오늘날 해방신학은 더 이상 라틴 아메리카적-상황신학에 불과한 것이 아니라, 보편적-상황신학이라고 할 수 있다. 빈곤의 범지구적 확장으로 인한 신학적 의제는 해방신학이 보편적 신학으로 확장될 수 있는 토대를 마련해주었다. 다만 해방신학이 보편적 상황신학으로 발돋움하기 위해서는 비기독교 국가에 어떤 방식으로 신학적 의제를 전달할 수 있는지, 그리고 빈곤의 사회적·정치적·생태학적 개념을 어떻게 재구성할 수 있는지를 진지하게 고민해야 한다. 이 물음을 풀기 위해서는 신자유주의와 세계화가 가져온 정치적·사회적·문화적 딜레마와 문제점을 분석할 수 있는 사회과학적 틀이 정교하게 다듬어져야 할 것이다.

최근에는 서양의 공공신학자들도 제3세계 신학자들의 목소리를 반영해서 **공적 분노**(public anger)가 공공신학에서 중요한 역할을 한다고 말한다. 윌리엄 스톨라(William Storrar)는 공적 영역에서 배제된 자들과 소외된 자들이 정당한 대우를 받고 자신들의 목소리를 되찾기 위해 끊임없이 투쟁하고 싸워야 한다고 말한다. 다만 투쟁의 방식과 형식은 비폭력적이고 민주적인 절차를 따라 자신들의 분노를 정당하게 표현해야만 한다. 특별히 스톨라는 세계화 시대에 직면해서 교회의 사명이 **낯선 이방인을 적극적으로 만나는 것**이라고 말한다. 선한 시민은 어떻게 살아야 하고 지구촌 공론장에서 선한 이웃은 어떤 역할을 해야 하는지 묻는 것이 공공신학의 새로운 과제라고 말한다. 앞으로 교회의 사명과 목회적 과제는 "이야기와 통곡 그리고 비판적인 사회 분석과 신학적 성찰을 통해 배제되고 침묵을 강요당한 다양한 피억압자들과 주변화된 이들의 공적인 분노를 표출시키고, 치유하고, 구성해내는 것이다."[10] 이러한 목회적 공론장은 의사소통 합리성의 다양한 형식과 다원주의를 환영하고, 동시에 차이를 인정하고 수용함으로써 잃어버린 공공성을 다시 회복하고자 한다.

프레이저는 대항적인 공론장의 역사를 추적하면서 브룩스-히긴보탐(Brooks-Higginbotham)의 연구를 소개하는데, 그녀는 1880년부터 1920년까지 미국에서 흑인 여성들이 자신의 공론장을 어떻게 만들었는지를 분석한다.[11] 브룩스-히긴보탐에 의하면 그 시기에 흑인들

---

10   William Storrar, "The naming of parts: Doing public theology in a global era," *International Journal of Public Theology* 5.1 (2011), 31.

11   Nancy Frazer, *Justice Interruptus: Critical reflections on the "postsocialist"*

은 투표권뿐만 아니라 모든 영역에서 백인들로부터 배제당했다. 그래서 그들은 하나의 대안적인 공간을 만들었는데, 그것이 바로 흑인교회였다. 공론장에서 철저하게 배제된 흑인들은 교회에서 그들의 의견을 자유롭게 교환할 수 있었고, 다양한 목소리를 서로 나눌 수 있었다. 암울했던 미국 공론장의 역사에서 교회가 한줄기 희망을 제공했고, 흑인들의 숨통을 터주는 역할을 했다는 것이다.

한편 영국의 공공신학자 존 아더톤(John Atherton)은 아이리스 영(Iris Young)의 대안적인 정의론을 수용해 이를 공공신학에 연결한다. 그는 공론장에서 주변부로 밀려난 자들에게 집중함으로 **포용성을 향한 편견**(a bias for inclusivity)을 공리처럼 다루어야 한다고 말한다.[12] 이러한 편견은 가난한 자들을 위한 편견이며, 이들을 위한 사회와 이들을 위한 교회를 만들어내겠다는 의지를 담고 있다. 그는 공공신학에서 다루고 있는 모든 내용들이 결국에는 차이와 다름의 가치를 인정하고 연대와 연합의 정치체를 구성하기 위한 것이라고 말한다. 오늘날 공공신학의 가장 큰 과제이자 해결해야 할 문제는 이러한 차이와 다양성을 담아낼 수 있는 **차별화된 연대**(differentiated solidarity)를 어떻게 만들어야 하며, 공론장의 주변부와 주변화된 이들을 기독교와 어떻게 연결해서 재구성할지를 진지하게 성찰하는 것이다.

공공신학이라는 용어가 투쟁적인 의미로 잘 알려지지는 않았지

---

condition (New York: Routledge, 1997), 75.

12   J. Atherton, "Marginalisation, Manchester and the Scope of Public Theology," *Studies in Christian Ethics* 17.2 (2004), 29.

만, 이런 관점은 오늘날 평화롭고 민주적인 조건 속에서만 공공신학을 연구하려는 움직임 가운데 중요한 역할을 하고 있다. 본래 하버마스가 기획한 공론장은 역사적인 발생과정으로부터 떼내어 공론장의 규범적 정당성을 확보하고자 했고, 이러한 공론장은 지배로부터 벗어난 자유로운 의사소통이라는 해방적 이념을 가장 중요한 요소로 갖고 있었다. 시민들의 합리적이고 비판적인 토론은 그 자체로 해방적인 기능을 공론장에 내재화시킨다. 하버마스가 말한 공론장의 의미가 본래 비자발적인 강제로부터 벗어난 시민들이 서로 비판적인 의견을 주고받으면서 공적 삶을 만들기 위한 투쟁의 과정이라고 한다면, 우리는 남아공 신학자들의 논의를 하버마스의 공론장과 연결해볼 수 있을 것이다. 실제로 스미트는 하버마스의 공론장 개념을 통해 시민들의 자유와 존엄성을 파괴하는 남아공의 국가 질서와 경제 정책을 날카롭게 비판했다. 남아공에서 공공신학은 인종주의의 비합리성을 비판하고 다양한 방식으로 감춰진 억압의 형식들을 폭로하는 역할을 해왔다.[13] 그동안 전통적인 해방신학이 인종주의, 계급주의, 성차별, 경제적 부정의, 빈부격차 해소를 위해 열심히 싸워왔다면, 이제 공공신학은 민주화, 근대화, 세계화, 포스트모더니즘이라는 새로운 담론들과 대결하면서 그리스도교의 신앙을 신실하게 증언해야 할 과제를 안고 있다. 분석의 대상을 바꾸고, 접근 방법을 바꿔야 할 때가 온 것이다. 오늘날 대다수의 공공신학자들이 세계화를 깊이 다루는 이유가 여기에 있다.

---

13 Christian Landman, "Talking hope–Dirkie Smit and public theology," *Living Theology: Essays presented to Dirk J. Smith on his sixtieth birthday*, 526.

6

다섯 번째 길: 세계화와 대항적 공공신학

점차 증가하는 세계화에 대한 인식은 공공신학이 다루고 있는 주제 가운데 가장 중요한 부분을 차지하고 있다. 최근에 공공신학과 관련된 책들을 살펴보면 분명하게 이런 경향을 파악할 수 있다.[1] 이제는 거부할 수 없는 하나의 보편적 현상으로 나타난 세계화와 다원화된 종교, 문화, 사회 조건 속에서 공공신학은 보편적인 타당성과 가치를 찾아야 한다.

하지만 세계화가 진행되면서 각각의 국가와 지역에 전파된 정치, 경제 시스템은 동일한 형식으로 작동하는 것이 아니라, 지역의 독특한 문화적 양식에 따라 다양한 방식으로 변형되어 적용되었다. 공공신학도 분명 미국의 시민종교라든가 독일의 민주주의 공론장이

---

1   다음 책들이 대표적이다. Max L. Stackhouse, *God and Globalization: Vol. 4: Globalization and Grace* (Bloomsbury Publishing USA, 2007); William Storrar, Peter J. Casarella, and Paul Louis Metzger, eds., *A World for All?: Global Civil Society in Political Theory and Trinitarian Theology* (Wm. B. Eerdmans Publishing, 2011); Deirdre King Hainsworth and Scott Paeth, eds., *Public theology for a global society: Essays in honor of Max L. Stackhouse* (Wm. B. Eerdmans Publishing, 2010).

라는 지리적 기원을 가지고 발생한 학문이지만, 이제는 그 내용과 구성이 특정한 지역 상황을 초월해 세계적인 이야기로 발전했고, 각자의 상황에 맞게 다양하게 적용되었다. 스미트 역시 공공신학이라는 학문이 마치 미국적인 상황과 경험으로부터 기원했고 이것이 다른 나라로 이식되었다고 생각하는 것은 크게 잘못된 것이라고 말한다. 공공신학이라는 말을 명시적으로 사용했든 안 했든 모든 사회는 각기 나름대로의 독특한 역사를 가지고 있으며, 공적인 삶에서 신학의 역할 또한 다양하게 발전해왔다.[2] 이 과정에서 신학은 하나의 동일한 범주로 묶어낼 수 없을 만큼 다원화되었고, 각 지역의 상황과 문화에 따라 상호의존과 협력을 통해 자신들만의 독특한 공공신학을 만들어냈다. 세계화를 통해 공공신학은 공통의 관심사를 공유하는 것 같으면서도 그것이 각각의 지역에서 전혀 다른 방식으로 분화되어 적용된 것이다. 이를 두고 스톨라는 **신학의 글로컬리제이션**(glocalization of theology)이라고 불렀고, 이는 오늘날 모든 공공신학이 가지고 있는 공통적인 특징이라 할 수 있다.[3]

공공신학을 연구하는 많은 신학자들이 세계화 현상을 진지하게 다루지만 이에 대한 평가는 현저하게 상이하다. 기독교와 세계화는 서로 동반자 관계로서 상호보완적인 관계를 잘 유지해야 한다고 보

---

2   Smit, "The Paradigm of Public Theology? Origins and Development." 16.

3   William Storrar, "Where the Local and the Global Meet: Duncan Forrester's Glocal Public Theology and Scottish Political Context," in *Public Theology for the 21st Century: Essays in Honour of Duncan B. Forrester*, 405.

는 입장이 있는가 하면, 정반대로 세계화를 새로운 제국으로 평가하면서 기독교가 이를 극복하고 대항해야 할 대상으로 보는 입장도 있다. 니코 쿠프만이 지적한 것처럼 각자 다른 지역에서 발생한 공공신학은 자신이 처한 상황에 신실하게 참여하면서 동시에 다른 지역에 있는 공동체로부터 진지하게 배우려는 자세를 견지해야 한다.[4] 이제 세계화의 영향력으로부터 벗어난 공간은 존재하지 않기 때문이다.

그런데 정말 세계화가 진행되는 과정에서 공공신학은 편견 없이 서로에게 겸손하게 배우려는 자세를 가지고 있으며 모든 이들이 접근 가능한 방식으로 문턱을 낮추어 다가가고 있는지 물어볼 필요가 있다. 오히려 세계화를 등에 업고 등장한 공공신학은 국제질서에 편입하지 못한 주변 국가와 이방인에게 폭력을 가하고 있지는 않은지 물어볼 필요가 있다.

이번 장에서는 세계교회협의회(WCC)와 세계개혁교회협의회(WARC) 등 주요 교회 연합체에서 세계화를 어떻게 평가하고 분석했는지를 살펴보고, 세계화에 대한 서로 다른 시각 두 가지를 소개하려 한다. 이어서 오늘날 세계화를 새로운 제국으로 해석하는 신학자들의 이론을 소개하도록 하겠다. 또한 그들의 분석 근거는 무엇이고, 대안은 무엇인지 살펴보도록 하겠다.

---

4   Koopman, "Contemporary Public Theology in the United States and South Africa," 221-222.

1. 세계화에 직면한 교회

로마 가톨릭교회는 1891년 교황 레오 13세의 회칙 **새 질서**(*Rerum Novarum*)를 통해 기독교 사회윤리에 본격적으로 관심을 갖기 시작했다. 하지만 개신교는 그보다 늦은 1948년 암스테르담 WCC 대회부터 경제문제와 사회 정의에 관심을 기울이기 시작했다. 그러다가 본격적으로 경제문제에 관심을 보이기 시작한 것은 20세기 후반에 이르러서였다. 세계화에 대한 신학적 응답은 세계루터연맹(Lutheran World Federation)이나 세계개혁교회협의회와 같은 교회 연합 기구를 통해 소개됐다. 2004년 가나에서 열린 세계개혁교회협의회의 협의서와 2006년 WCC의 **아가페 문서**(Alternative Globalisation Addressing Peoples and Earth)에서도 이 문제를 다루었고, 독일개신교협의회(EKD)나 스위스 교회에서도 이와 관련된 주제의 성명서를 발표했다.[5] 이처럼 유럽 대부분의 나라에서 세계화와 경제적 불평등에 대한 교회의 공식 입장을 제시했고, 신학적 응답을 진행했다.

아크라 문서(The Accra document)는 가나에서 열린 세계개혁교회협의회의 공식 신앙고백문인데, 특별히 이 문서에서는 신자유주의 경제 질서를 신앙과 도저히 양립할 수 없는 시스템이라 규정하고, 이에 저항하는 것은 신앙 고백의 문제라고 선언했다.[6] 여기서 주목할

---

5   Heinrich Bedford-Strohm, *Liberation Theology for a Democratic Society: Essays in Public Theology* (Zürich: LIT Verlag, 2018), 117-118.

6   Bedford-Strohm, *Liberation Theology for a Democratic Society: Essays in Public*

만한 부분은 신자유주의 세계화를 "극도로 복잡하고 비도덕적인 경제 시스템"이라고 설명하면서 이를 **제국**(empire)이라는 말로 표현한 것이다.

> 우리가 '제국'이라는 말을 사용하면서 의미하는 바는 경제적, 문화적, 정치적, 군사적 권력이 함께 맞물려 있다는 점, 이러한 권력이 하나의 지배 체제를 구축한다는 점, 그리고 강대국들이 자신들의 이익을 지키고 옹호하려고 이 체제를 주도한다는 점이다.[7]

이러한 선언은 권력을 가진 민족국가가 누구인지를 설명하는 부분에서 더욱 분명해진다.

> 미합중국과 그 동맹들은 국제적 금융 기관 및 무역기관(IMF, 세계은행, 세계무역기구)과 함께 자본가들의 이익을 보호하고 증진하기 위해 정치적, 경제적, 군사적 연맹들을 활용한다.[8]

아가페 문서에서도 신자유주의 세계 질서는 **죽음의 경제학**(economy of death)으로 표현된다. 기독교 신앙은 이런 죽음의 경제학에 맞서는 **생명의 경제학**(economy of life)이고, 이는 하나님의 은총을

Theology, 119.

7   THE ACCRA CONFESSION, no. 11. (http://wcrc.ch/accra/the-accra-confession)

8   THE ACCRA CONFESSION, no. 13.

조건 없이 모든 이에게 골고루 나눠주는 것이라고 말한다. 하나님의 경제는 하나님의 정의와 가난한 자에 대한 우선적 선택으로 드러난다.[9] 신자유주의는 몇 가지 거짓 신화를 통해 사람들을 미혹하는데, 예를 들어, 구조조정이라는 잠깐의 희생과 고통을 감수하면 더 큰 이익을 얻을 수 있다고 선전하거나 낙수효과를 통해 가난한 이들도 모두 잘 살 수 있게 될 거라는 신화를 확산시킨다. 아가페 문서에서는 이런 잘못된 신학을 "인간 희생의 경제신학"이라고 비판한다. 아크라 문서와 마찬가지로 아가페 문서 역시 "경제적 전 지구화의 극적 융합을 하나의 제국주의적 권력 네트워크 속에 내재된 정치적·군사적 헤게모니"로 보고 있다.[10]

반면, 독일개신교협의회는 2001년부터 세계화의 문제를 본격적으로 다루었는데, EKD 문서는 위의 두 문서보다 중립적인 태도를 취하고 있다. 이 문서에서는 사회적으로 책임 있는 시장 경제의 역할을 강조하고 이를 핵심 비전으로 제시한다. 국제적인 경쟁에 적합하지 않은 연약한 시장은 보호하고, 경제적으로 덜 강력한 국가의 이익은 보호하는 무역을 지지한다. 특별히 노회가 세계 경제의 사회적, 생태학적 방향을 바꾸기 위해 국제적인 규칙을 제정하고 관여하기를 독려한다. 가장 논란이 많은 부분은 국제통화기금이나

9   Bedford-Strohm, *Liberation Theology for a Democratic Society: Essays in Public Theology*, 121.

10 Bedford-Strohm, *Liberation Theology for a Democratic Society: Essays in Public Theology*, 122.

세계은행과 같은 초국적 기관을 교회가 어떻게 보느냐 하는 것인데, EKD 문서에서는 이들을 적으로 규정하지 않고, 중요한 대화의 파트너로 본다. 이들로 인해 가난이 확산되는 것이라고 보지 않기에 이러한 기관들이 가난을 극복하는 적절한 틀과 조건을 가지도록 독려한다.[11]

독일개신교협의회는 교회가 적극적으로 세계화로 인해 발생하는 다양한 문제들을 해결하기 위해 예언자적 목소리를 내야 한다고 말한다. 예를 들어, 2006년에 작성된 EKD 문서에서는 독일 내에서 지속적으로 증가하는 실업률을 해소하고 빈부 격차를 해소하기 위한 대책을 제시하고 있다.[12] 자신의 지위나 배경에 따라서 제대로 교육을 받지 못한 사람들이 그로 말미암아 가난에 빠지게 될 때, 교회는 그들에게 다양한 교육의 기회를 제공하고 여러 가지 형태로 도움을 주려고 노력했다. 결과적으로 스스로 자신의 삶에 책임을 질 수 있도록 권한을 부여한 것이다. 이 문서에서는 가난한 자들에 대한 우선적 선택이라는 명제를 선택하고, 이것을 **정의로운 참여**(Just Participation)로의 부르심이라고 해석했다. 그러나 이렇게 스스로 자신의 삶을 일으킬 수 있도록 돕는 일은 혼자 할 수 있는 일이 아니다. 이 문서에서는 모든 사람이 함께 그 일을 도울 수 있도록 사회적 연

---

11   Bedford-Strohm, *Liberation Theology for a Democratic Society: Essays in Public Theology*, 123.

12   Bedford-Strohm, *Liberation Theology for a Democratic Society: Essays in Public Theology*, 47-48.

대를 구축해야 한다고 분명하게 진술한다. 정의로운 참여에 배제된 사람들을 우선적으로 공동체에서 돌봐야 한다고 명시한다.

> 교회나 봉사 기관뿐 아니라 그리스도인 개개인은 가난과 싸우라는 특별한 도전에 응답해야 한다. 사회 내에 의도치 않은 가난이 있다는 것은 하나님의 계명과 명령 앞에서 사회적이고 개인적인 실패가 드러난 것이다. 우리 사회는 그 어떤 인류의 역사보다 훨씬 큰 부를 누리며 살고 있다. 그러므로 우리는 사회에 참여할 수 있는 기회를 박탈하거나 그들의 가난에 방관적인 어떤 태도도 용서할 수 없다. 교회는 가난한 자들에게 마음을 열지 않거나 그들을 긍휼히 여기지 않는 그 어떠한 정의론도 용납하지 않는다. 그들이 사회에 참여할 수 있는 기회를 빼앗아서는 안 된다. 교회가 아무리 사회적으로 인정받고 외적인 성공을 이루었을지라도 그러한 교회는 예수 그리스도의 교회가 아니다.[13]

만약 이 문서의 내용을 신학자들뿐 아니라 정치가나 은행장 같은 이들도 함께 공유한다면 어떻게 될까? 그것이 가져올 파장은 대단할 것이며, 아마도 공적인 논쟁을 불러일으킬 것이다. 그리고 새로운 사회적 합의를 만들어낼지도 모른다.[14]

---

13 Council of EKD, Just Participation, 5-6. Bedford-Strohm, *Liberation Theology for a Democratic Society: Essays in Public Theology*, 48에서 재인용.

14 Bedford-Strohm, *Liberation Theology for a Democratic Society: Essays in Public*

베트포트-슈트롬은 지금까지 살펴본 문서들을 비교하면서 세계화에 대해 다음과 같은 명제들을 뽑아낸다.[15]

- 경제는 (가치중립적인 영역이 아니라) 신학적이고 윤리적인 평가가 필요한 영역
- 경제적 정책 판단을 위한 기본 원칙으로서 가난한 자에 대한 우선적 선택
- 자유 시장이 자동적으로 모두에게 공익을 가져다준다는 가정 거부
- 사회적으로 책임 있는 경제를 위한 틀로서 일련의 규칙에 대한 청원
- 국제적 정부 기관이 세계 경제 설계에 분명한 역할을 해야 한다는 확인

이어서 이런 공통 근거를 기반으로 베트포트-슈트롬은 세계화 시대를 맞이한 공공신학의 과제를 다음과 같이 다섯 가지로 제안한다.[16]

Theology, 48. 실제로 이 문서의 발행 이후 독일 정부에서는 기술을 가지지 않은 실업자들에게 정부가 지원해서 "100,000명 일자리 창출 프로그램"을 진행했고, 이 프로그램을 시작하는 데 교회의 공적 목소리가 산파 역할을 했다고 한다.

15   Bedford-Strohm, *Liberation Theology for a Democratic Society: Essays in Public Theology*, 124.

16   Bedford-Strohm, *Liberation Theology for a Democratic Society: Essays in Public Theology*, 126-135.

- 세계화 시대에 공공신학은 가난한 사람들을 위한 우선적 선택에 기초해야 한다.
- 공공신학은 이데올로기 비평을 포함해야 한다.
- 공공신학은 "세상을 포함하고 세상 안에 있는 현실주의"를 내포한다.
- 공공신학은 전 세계적 시민사회에서 교회의 강력한 역할을 지지하기 위해 고안되어야 한다.
- 공공신학은 이 세상이 화해됐다고 믿는 희망의 신학이어야 한다.

21세기를 시작하면서 여러 교회 협의회에서 세계화에 대한 우려 섞인 목소리를 내놓는 것은 주목할 필요가 있다. 특별히 신자유주의 경제 체제와 맞물려 빠른 속도로 자본주의가 확산되면서 이전에는 경험하지 못했던 새로운 식민지배가 등장했다. 다국적 기업에 의한 초국적 일원화와 세계화의 거대한 흐름은 다원주의 문화를 비웃기라도 하듯 세계를 자본의 논리로 일원화했다. 이런 상황에서 공공신학은 어떤 목소리를 내고 어떤 역할을 해야 하는지 진지하게 고민해야 한다. 베트포트-슈트롬이 제시한 각각의 명제들을 살펴보면, 그가 주장하는 공공신학이 누구를 지향하고, 무엇을 소망하는지 알 수 있다. 그것은 바로 약자를 위한 정의이며 믿음과 소망과 사랑의 실천을 이 땅에서 이루는 사역이다.

2. 세계화에 대한 두 가지 해석

레베카 피터스(Rebecca Todd Peters)는 『좋은 세계화 나쁜 세계화』에서 세계화를 네 가지 모델로 분류한다. 처음 두 모델은 **신자유주의**(neoliberal)와 **개발주의**(social development) 모델이다. 이들은 모두 신고전주의 경제학으로부터 나왔기 때문에 오늘날 지배적인 이론이라 할 수 있다. 피터스는 이 두 모델이 지속가능하지 않고 도덕적으로는 파산 지경에 이른 모델이라고 평가한다. 특별히 신자유주의 모델은 경제적 관심이 정치와 다른 사회적 관심사를 모두 집어삼켰다고 말한다. 비록 개발주의 모델이 정부의 역할을 좀 더 고려하고 있지만, 여전히 착취적이고 가부장적인 모습을 보여준다고 평가한다. 이 모델은 가난한 남쪽 사람들을 부유한 북쪽 사람들의 수준으로 끌어올려야 한다는 잘못된 전제를 가지고 있기 때문이다. 무엇보다 이 두 모델은 성장과 번영을 최상의 가치로 삼고 있기 때문에 세계화가 과연 누구를 위한 것인지 묻게 한다. 여기서 다국적 기업은 세계화를 등에 업고 무소부재의 힘을 자랑하는 가장 강력한 존재가 됐다.

> 과거 다국적 기업은 스스로를 모국에 뿌리내린 기업이자, 세금을 납부하고 그들이 위치한 국가의 법을 따르고 국민과 환경에 해를 입히지 말아야 할 시민 책임이 있는 존재로 이해했다. 하지만 이제 다국적 기업은 스스로를 국민국가를 넘어서고, 아무에게도 대답할 필요가 없을 때 가장 성공적인 존재, 독립된 실

재인 초국적 기업으로 인식한다. 세금, 환경법, 관세, 의료법은 다국적 기업의 이윤을 갉아먹기만 할 뿐이다. 초국적 기업이라는 새로운 세계에서 도구적 합리성은 지배적 철학이 될 뿐 아니라 유일한 철학이 된다. 모든 것을 보는 관점은 그것이 얼마나 효율성을 극대화하고 이윤을 증가시키느냐에 달려 있다.[17]

피터스는 이런 모델의 대안으로 **환경주의**(Earthism)와 **탈식민주의**(Postcolonialism) 모델을 제시한다. 소위 **저항 이론**이라고 불리는 이 두 모델은 대기업과 대조되는 지역 사회와 공동체 같은 이슈와 연관되어 있다. 그녀의 분석에 따르면 이 두 저항 모델은 서로의 관심을 통합하고 서로의 노력을 결합시켜주는 모델이다. 이 모델은 신자유주의와 개발 이론의 헤게모니를 강하게 반대한다. 피터스는 전반적으로 세계화에 대해 반대 입장에 서 있다. 지금 우리가 경험하고 있는 세계화는 해체되어야 하며 세계는 새로운 시대로 들어가야 한다고 본다. 이제는 인간 탐욕과 이기심을 버리고 지구에 존재하는 모든 생명체를 존중하며 살아가야 하는 시대라고 말한다.

한편 스택하우스 역시 세계화에 문제가 많고 이것이 제국주의로 변질될 위험이 있다고 말한다. 하지만 그런 문제는 세계화 자체에 있는 것이 아니다. 오히려 문제는 세계화로부터 기독교가 분리되고 하나님의 의지가 세계화의 과정에서 뒤로 후퇴하는 현상에 있

---

17 레베카 토드 피터스, 『좋은 세계화 나쁜 세계화』, 방연상·윤요한 옮김(서울: 새물결플러스, 2012), 149.

다. 예를 들어, 스택하우스는 미국 경영대학원의 교과 과정에서 윤리학이 빠졌는데, 미국 증권거래소에서 시작된 세계 금융 위기의 일부 원인이 거기에 있다고 본다. 윤리를 상실한 세계화가 문제라는 입장이다. 그러면서 스택하우스는 세계화의 미래에 희망을 걸고 있다. 그는 세계화의 전체 프로젝트의 방향을 바꾸고 그 과정에 참여하는 것이 공공신학의 책임 있는 소명이라고 말한다. 세계화에 기독교의 핵심적인 원리를 반영하자는 것이다. 기독교는 "특정 문화에 정체성을 부여하는 어떤 에토스를 형성하고 독특한 공적 제도들을 육성하고 사회윤리를 증진시키는 경향이" 있기 때문이다.[18] 사회가 종교를 만들기도 하지만 동시에 종교가 사회와 문화를 만들기 때문이다. 오늘날 세계화에 비판적인 학자들은 세계화를 단지 경제 문제로만 접근하는 경향이 강한데, 스택하우스는 오히려 다양한 신앙적인 요인들과 결합된 사회문화적 현상으로 분석한다. 기독교는 세계화의 방향과 목적을 설정하는 영적 에토스를 형성할 수 있기 때문에, 이를 잘 활용하고 수용하면 더 나은 세계화가 가능하다고 본다.

스택하우스는 종교적 주제들이 사회적, 정치적, 경제적 삶의 구조 속에 깊이 스며 있다고 본다. 자본주의, 기술문명, 민주주의, 인권과 같은 개념들의 근원적 밑바탕에는 종교가 자리 잡고 있다는 주장이다. 따라서 세계화에 대해서도 동일하게 그 속에 내재된 기

---

18 맥스 L. 스택하우스, 『세계화와 은총』, 이상훈 옮김(서울: 북코리아, 2013), 38.

독교의 뿌리와 근거를 찾을 수 있다고 말하고, 이를 잘 선용해야
한다는 입장이다.[19]

한편 스택하우스는 앞서 언급했던 교회 협의회의 합의문이 마르
크스주의적 사회분석에 경도된 신학적 과실이며 역사에 대한 오해
라고 비판한다.

> WCC 내의 친마르크스주의 신학적 유형은 세계화에 저항하고
> 반자본주의적인 대안적 기초공동체를 형성할 소수 집단적 '민
> 중운동'을 일으키는 활동적인 원동력으로서 종교의 역할을 말
> 한다. 그러나 역동적인 세계화에 소외된 사람들과의 연대의식
> 을 표현하는 것 외에는 그러한 대안이 무엇인지는 분명하지 않
> 다. 물론 이것은 매우 목회적인 일이고 교회의 기능 중의 하나
> 다. 그러나 결코 예언자적이지는 않다. 이것은 사람들이 사는 세
> 계화된 세상의 현실적인 상황을 위한 정의의 특징에 관해 상술
> 하지도 않고, 사람들로 하여금 근시안적인 충성심에 대해 뉘우
> 치도록 권면하지도 않으며, 사람들이 빠져들어 가고 있는 미래
> 현실에 대비하도록 준비시키지도 않는다.[20]

19 이런 입장은 최근에 『인간의 번영』을 통해 세계화와 기독교의 관계를 설명한 미로
슬라브 볼프에게서도 찾아 볼 수 있다. 볼프는 자본주의 세계화의 양면성을 모두 인
식하고 단순히 한쪽 모습만을 강조해서는 안 된다고 말한다. 그러면서도 세계종교
는 인간의 번영과 좋은 인생에 대한 비전을 제시할 수 있기 때문에 이를 번영시키기
위해 노력해야 한다고 말한다. "세계종교는 도덕적 동기와 성찰의 가장 강력한 근
원"을 가지고 있기에 세계평화에 기여할 수 있다는 것이다. 미로슬라브 볼프, 『인간
의 번영』, 양혜원 옮김(서울: IVP, 2017), 38.

세계교회협의회에 대한 스택하우스의 비판은 주목할 만하다. 해방신학에 대한 비판과 마찬가지로 실제로 이들의 신학이 민중의 삶을 변화시키지 못하고 어떤 구체적인 대안도 제시하지 못하는 것처럼 보이기 때문이다. 그래서 오히려 민중 해방을 위해서 더욱 공공신학이 필요하다고 스택하우스는 주장한다. 공공신학은 신앙고백의 차원에 머무르는 기존의 해방신학과 교회 협의문을 구체적으로 현실화하는 데 집중한다. 세계화가 제대로 작동하기만 하면 실제로 가난과 빈곤을 해결할 수 있다고 보는 것이다.

하지만 프란츠 힌켈라메르트(Franz J. Hinkelammert)는 바로 이 점에서 제국의 신학(IMF의 신학)이 역설적이게도 해방신학과 많은 점에서 비슷한 주제를 공유하고 있다고 지적한다. 예를 들어 제국의 신학은 가난한 자들에 대한 우선적 선택과 하나님 나라에 대한 신학적 주제들을 그들의 중요한 테마로 사용하고 있다. 자본주의의 세계화가 가난한 이들을 도울 수 있다고 선전하기 때문이다. 또한 이들은 전통적인 신학과 다르게 정행(Orthopraxis)을 강하게 주장한다. 세계관 전쟁과 이데올로기 투쟁에서 벗어나 구체적인 실천 방안을 모색하기 때문이다. 따라서 힌켈라메르트는 오늘날 해방신학과 반-해방신학을 구분하기 쉽지 않다고 말한다.[21] 하지만 이것이 바로 제국

---

20   스택하우스, 『세계화와 은총』, 68.

21   Franz J. Hinkelammert, "Liberation Theology in the Economic and Social Context of Latin America: Economy and Theology, or the Irrationality of the Rationalized," in *Liberation Theologies, Postmodernity, and the Americas*, eds., David Batstone, Eduardo Mendieta, Lois Ann Lorentzen, Dwight N. Hopkins (Routledge, 1997), 44.

의 신학이 교묘하게 자신을 감추는 전략이다. 이는 제국에 대한 구체적인 분석과 해석을 통해 폭로할 수 있다.

3. 제국과 함께, 제국에 맞서기

앞에서 언급했듯이 세계교회협의회와 세계개혁교회협의회 등 여러 교회 협의회는 세계화에 대한 교회의 입장을 발표하면서 신자유주의 경제 시스템과 미국으로 대표되는 경제 패권주의를 제국으로 명명했다. 최근 미국을 새로운 제국으로 규정하려는 다양한 시도들이 전개되고 있고, 이 부분은 지속적으로 논쟁 중에 있다. 신자유주의와 세계화가 결합되면서 다시 등장하게 된 **제국**이라는 용어는 네그리와 하트가 함께 2000년에 쓴 『제국』으로 인해 본격적으로 논의되기 시작했다.[22]

근대를 거치면서 민족주의와 식민주의가 결합되어 제국주의가 탄생했는데, 네그리와 하트는 탈근대와 탈식민주의 담론이 민족주의와 식민주의를 극복하는 데 중요한 역할을 했음에도 불구하고, 역설적으로 오늘날에는 그들이 비판하는 문제의 구조와 정확하게 밀착해버렸다고 지적한다. 제국의 횡포를 극복하기 위해서 제시된 탈근대와 탈식민주의 담론들, 즉 차이, 유동성, 혼종성, 양가성, 흥

---

22 안토니오 네그리 & 마이클 하트, 『제국』, 윤수종 옮김(서울: 이학사, 2001).

내내기 같은 개념들은 오히려 제국의 논리와 이념에 흡수되어 대응 전략이 모호해졌다는 것이다. 그들이 미처 고려하지 못한 점은 "제국은 정확히 탈근대 담론들이 쏟아내는 해방의 전략들을 필요로 하고 있으며, 이미 그러한 전제들을 통해 제국이 구축되고 있다"는 사실이다.[23]

1990년대 이후 유럽의 사회과학자들은 포스트모더니즘에 대한 논의와 함께, 새로운 근대성, 성찰적 근대성에 대한 논의도 활발하게 진행했다. 단선적인 근대 사회에 대한 기존의 논의를 비판하면서 근대성에 대한 새로운 성찰을 시도한 것이다. 울리히 벡(Ulrich Beck), 앤서니 기든스(Anthony Giddens), 스콧 래쉬(Scott Lash)의 『성찰적 근대화』나 찰스 테일러(Charles Taylor)의 『근대의 사회적 상상』 등이 대표적이다.[24] 네그리와 하트 역시 근대 사회 자체가 혼종성을 기반으로 구성되어 있으며, 이를 기반으로 무역과 시장 그리고 차이를 통한 마케팅이 가능해졌다고 말한다. 결국 근대성의 결과를 우리/타자의 이항 대립에 근거해 단선적으로 평가하는 것은 이후의 대안/대항 담론에 있어서도 자신의 한계를 노출할 수밖에 없다.

그렇다면 문제는 다시 설정된다. 그동안 탈식민주의 담론에서 제시했던 혼종성, 이동성, 차이 같은 개념들이 세계화에 저항하기 위

---

23 박일준, "토착화 신학 3세대의 이중적 극복 과제," 변선화아키브 동서신학연구소 편, 『제3세대 토착화 신학』(서울: 도서출판 모시는 사람들, 2001), 56.

24 앤서니 기든스 외 2인, 『성찰적 근대화』, 임현진·장일준 옮김(서울: 한울, 2010); 찰스 테일러, 『근대의 사회적 상상』, 이상길 옮김(서울: 이음, 2010).

한 담론인 줄 알았는데, 오히려 세계화가 그런 개념을 필요로 하고 이용하고 있다는 사실이 드러난 것이다.

> 우리 시대의 전 지구적 이동이란 것의 이면에는 제3세계에서 제1세계로 탈출하는 불법 이주민들과 불법 노동자들의 이동이 놓여 있으며, 이들의 이동이 두 세계 간의 경계와 차이를 국지적 차이가 아니라 지구적 차이로 만들어가고 있다. 이제 제1세계는 유럽이나 미국의 지역에 국한되어 발전하는 것이 아니라, 서울이나 뉴델리, 그리고 방콕에서도 발전해나가고 있다. 또한 제3세계는 남미나 아시아, 아프리카 지역에만 상주하는 것이 아니라, 유럽 대도시의 슬럼과 노숙자들 사이에서 확장되고 있는 중이다.[25]

민족이라든가 **민중**이라는 개념은 근대가 만들어낸 사회적 구성물에 불과하고, 식민지 정복에 기본 전제가 되었던 **영토** 역시 이제는 무의미한 개념이 되어버렸다. 제국은 특정한 민족 국가의 영토에 기반해 작동되는 것이 아니라 시간과 공간을 초월해 모든 영역에 현존하는 전방위적 권력 장치라 할 수 있다. 네그리는 이 지점에서 장소와 시간적 실체로서의 제국은 시야에서 사라져 버렸지만, 착취와 억압은 여전히 우리 눈앞에서 광범위하고 더욱더 잔인하게 저질

---

[25] 박일준, "토착화 신학 3세대의 이중적 극복 과제," 58.

러지고 있다고 말한다. 제국은 공포를 통해 자신의 존재 기반을 확고하게 다지는데, "미래에 대한 불안과 빈곤이라는 지속적인 공포"를 통해 대중 사이의 갈등 관계를 일으키고, 자신의 존재 방식을 드러낸다.[26]

제국은 이제 국가와 국가, 내부와 외부, 공적 영역과 사역 영역의 경계를 허물어 버리고, 특정한 형태의 정치, 특정한 형태의 전쟁을 사라지게 만들었다. 제국주의 국가와 그 외부에서 일어나는 충돌과 전쟁은 사라지고, 제국 내부에서 일어나는 시민들과 경찰의 충돌, 즉 국지적이고 국부적인 내적 갈등의 시대로 돌입한 것이다. 이제 더 이상 제국의 외부는 없다.

그렇다면 교회는 제국 안에서 어떤 방식으로 존재해야 하는가? 교회는 제국을 **위한** 존재가 되지 않으면서 어떻게 지역 사회 **내에서** 그리고 지역 사회와 **함께** 존재할 수 있을까? 교회는 오랜 시간 국가나 제국의 축으로 기능을 수행해왔고, 더 나아가 하나님이 명하신 세계 질서로서의 번영과 물질적 성공이란 구호로 축복하며 제국의 앞잡이가 되기도 했다. 또한 제국의 영혼을 담당하는 일종의 각성제로 사용되기도 했다. 제국은 자신들의 이념을 영적으로 정당화하기 위해 지속적으로 교회를 찾는다. 제국의 "좋은 시민"으로 지속적으로 존재하기 위한 자양분을 교회에서 찾은 것이다.[27]

---

26   안토니오 네그리 & 마이클 하트, 『제국』, 437.

27   Johan-Albrecht Meylahn, "Ecclesiology as doing theology in and with local communities but not of the empire," *Studia Historiae Ecclesiasticae* 37.3 (2011), 9.

1990년대 이후 신학계에서도 제국에 대한 논의가 활발하게 진행됐다. 특별히 신약학자들은 신약성서의 배경을 추적하면서 제국과의 대립 관계를 집중적으로 연구하기 시작했다.[28] 이러한 연구는 단지 진보적인 신학자들뿐 아니라 복음주의 진영에서도 활발히 논의됐는데, 그중에서도 톰 라이트(N. T. Wright)의 연구는 주목할 만하다.[29]

톰 라이트는 제국의 위협 앞에서 오늘날 그리스도인들은 요한복음으로부터 역설의 지혜를 배워야 한다고 말한다. 로마의 정치 질서와 영지주의의 유혹 앞에서 하나님의 복음을 선포하고 살았던 초기 그리스도교 성도들이나 새로운 제국 앞에서 조심스럽게 신앙생활을 유지해야 하는 오늘날의 그리스도인들이나 상황이 별반 다르지 않다고 판단한 것이다. 보통 요한복음의 내용은 영적이고 내세지향적이라고 여겨져 공공성과의 관련성을 떠올리기가 쉽지 않았다. 하지만 톰 라이트는 요한복음에 나타난 예수의 증언, 특별히 빌라도와의 대화 중 새로운 질서와 진리를 선포하는 예수의 말 속에서 공공신학의 중요한 모티브를 발견한다. 예수의 죽음과 부활은 겉보기에 지상의 통치자에 의해 좌우된 것 같지만, 실제로는 예수가 하

---

28 국내에 소개된 대표적인 책으로는 리처드 A. 호슬리, 『예수와 제국』, 김준우 옮김(서울: 한국기독교연구소, 2004), 『바울과 로마제국』, 홍성철 옮김(서울: 기독교문서선교회, 2007), 『제국의 그림자 속에서』, 정연복 옮김(서울: 한국기독교연구소, 2014), 존 도미닉 크로산, 『하나님과 제국』, 이종욱 옮김(서울: 포이에마, 2010) 등이 있다.

29 복음주의 신약학자들의 제국 논의는 스캇 맥나이트, 『가이사의 나라 예수의 나라』, 홍성수 옮김(서울: IVP, 2017)을 참고하라.

늘의 권세를 힘입어 새로운 질서를 가져올 분임을 확증하고, 새 질서 안에서 이루어질 삶의 방식을 구체적으로 제시한 사건이다. 예수는 "창조주의 새로운 창조라는 프로젝트"를 개시하기 위해 이 땅에 왔고, 십자가와 부활을 통해 그 과업을 완수했다.[30] 하나님은 예수를 통해 이 세상에 개입하시는데, 그 방법은 기존 권력과 권세를 완전히 부정하거나 무력화시키는 것이 아니라 그것이 결국 상대적인 것이며 일시적인 것임을 드러내는 방식을 통해서다. **하나님**과 **공적인 삶**의 어색하고 껄끄러운 관계를 **예수**라는 역사적 실존 인물의 행동을 통해 해소한 것이다.

그렇다면 예수는 구체적으로 이 세상에서 어떤 방식으로 그 갈등을 해소하는가? 톰 라이트는 예수의 사역과 부활이 새로운 세계상을 제시하고 그리스도인의 삶의 패턴을 만드는 하나의 모범이라고 말한다. 팔복에서 제시한 연약하고 온유하고 슬픈 자들을 통해 새로운 진리를 선포하는 것이다.

> 하나님과 세상에 대한 모든 기독교적 사고는 반드시 세상의 고통을 짊어지고 세상을 다시 새롭게 만드시는 예수님뿐만 아니라 예수님의 추종자들을 통해 그리고 그들 너머로 이 세상에서 활동하는 하나님의 영의 약속을 포함해야만 한다.[31]

---

30   톰 라이트, 『광장에 선 하나님』, 안시열 옮김(서울: IVP, 2018), 127.

31   라이트, 『광장에 선 하나님』, 129.

하나님은 역사의 어두운 뒷골목으로 예수를 보내셔서 온유하고 겸손한 방식으로 사람들에게 생명을 부여하고 스스로 세상의 악을 짊어지셨다. 하나님은 가난하고 연약한 자들을 통해 세상을 치유하고 회복하길 원하셨다. 가장 반정치적인 방식으로 정치를 전복시킨 것이다.

남아공의 선교학자 데이비드 보쉬(David Bosch) 역시 요한복음을 통해 **대안 공동체**(alternative community)의 비전을 제시한다. 교회는 지역 사회에 안에서 그리고 지역 사회와 함께 제국의 방식이 아닌 특별한 방식으로 신학을 수행하는 대안적인 공동체다.[32] 보쉬는 교회 일치를 위해 다양한 노력을 했던 것으로 널리 알려졌지만, 다른 한편으로는 인종뿐만 아니라 문화, 편견, 오해에 의한 정치적 분리를 해결하기 위한 교회의 역할에 대해서 고민한 신학자였다. 그는 교회가 사회 속에서 평화와 상호존중의 모범을 보여줄 수 있는 대안 공동체가 되길 바랐다.

보쉬는 역사 속에서 교회가 시민사회의 권력과 관계 맺는 방식을 5가지로 분류한다. 콘스탄틴주의, 경건주의, 개혁주의, 해방주의, 아나뱁티스트의 방식이다. 그는 콘스탄틴주의와 경건주의 모델은 모두 정부 내에서 일어나는 일이 교회와 별 관련이 없다고 가정하기 때문에 받아들일 수 없다고 말한다. 반면 나머지 세 가지 방식은 모두 세계형성적 모델을 채택하고 있다고 본다. 개혁주의자들은 "모든 사람에게 더 큰 정의, 자유, 번영을 가져다줄 구조적 변화"를 요구한다.

---

32   Meylahn, "Ecclesiology as doing theology in and with local communities but not of the empire," 10.

해방주의자는 가난한 사람들을 위한 우선적 선택을 중시하고, 불의에 대한 투쟁에 소외된 사람들을 동원한다. 마지막으로 보쉬는 아나뱁티스트 전통에서 대안 공동체에 대한 개념을 가져온다.[33] 보쉬는 그의 말년에 이 세 가지 전통이 우리가 생각하는 것보다 훨씬 더 서로 밀접하게 연관되어 있다고 생각했다. 그리고 자신이 아나뱁티스트 전통에 대해서 충분히 연구하지 못한 것을 아쉬워한다. 이 전통은 교회가 공적인 증언을 할 수 없고 저항할 수 없는 상황 속에서 어떻게 의미를 발견할 수 있을지를 보여 줄 수 있다고 봤다. 세계변혁과 세계형성적 기독교의 특징을 포기하지 않으면서도 새로운 방식으로 국가에 도전할 수 있는 가능성이 있다고 본 것이다.[34]

메노나이트 신학자인 얼 짐머만(Earl Zimmerman)은 존 요더(John Howard Yoder)를 통해 제국에 저항할 수 있는 교회론을 제시한다. 짐머만은 세계화 시대에 제국의 위협 앞에서 자유교회 전통은 대안적인 공동체를 제시할 수 있는 신학적 자원을 가지고 있다고 말한다. 자유교회 모델에 따르면, 교회는 그 자체로 사회 속에서 모든 측

---

33 보쉬 사후에 발행된 논문에서 그는 아나뱁티스트 전통에 깊은 관심을 기울였는데, 사실 이는 그가 초기에 관심을 가졌던 교회론과 일치하는 것이다. 그는 교회가 사회에서 하나의 비판적인 요소이자 일종의 항체로서 존재해야 한다고 말한 바 있다. 또한 교회는 사회 속에서 단순하게 존재해야 하고, 그 방식은 교회가 모든 정치적 프로그램과 대안에 연관이 있어야 한다고 봤다.

34 David J. Bosch, "God's Rein and the Rulers of This World: Missiological Reflections on Church-State Relationships," in *The good news of the kingdom: Mission theology in the third millennium*, eds., C. van Engen, D.S. Gilliland & P. Pierson (Maryknoll, N.Y.: Orbis, 1993), 89-95.

면에 참여하는 그들만의 공공생활을 가진 하나의 도시(polis)다. 이 것은 예수의 삶과 비전을 그대로 구현한 것과 같다. 요더는 "예수의 사역과 메시지는 정치적 선택을 회피하는 것이 아니라 특별한 사회적·정치적·윤리적 선택을 한 독자와 청자들에게 현존하는 것으로 가장 잘 이해될 수 있다"라고 말한다. 요더는 『교회, 그 몸의 정치』에서 다양한 기독교적 실천의 사회적 함의를 발전시킨다.[35] 그는 교회 내부의 생활도 정치적 과정의 일부라고 말한다. 교회가 더 넓은 사회에 개입하는 문제는 교회의 영역에서 정치의 영역으로 이동하는 양자택일의 형태를 취하지 않는다. 교회 안에서 행해지는 각각의 사회적 실천이 넓은 사회에 상응하는 실천에 어떤 통찰력을 줄 수 있도록 만드는 것이 중요하다.[36]

이런 방식으로 교회를 재규정하려면 두 가지 과제를 해결해야 한다. 첫째, 교회를 공적인 기관으로 갱신시켜야 한다. 복음이 지닌 정치적·경제적·변혁적 성격을 분명히 하는 것이다. 둘째, 민주주의를 보호하기 위해 애쓰고 제국의 힘에 맞서 싸우는 모든 사람들, 특별히 우리가 사는 세상에서 가장 연약한 사람들과 교회가 함께하는 것이다. 이런 투쟁은 창조와 재창조 그리고 대안을 지속적으로 육성하고 공동체 및 이와 관련된 연관 단체들과 함께 사역하는 방법

---

35 존 하워드 요더, 『교회, 그 몸의 정치』, 김복기 옮김(논산: 대장간, 2011).

36 예를 들어 교회의 역사를 보면 자유교회 전통은 민주주의 사회에 필요한 언론의 자유와 같은 기본 인권의 발전에 큰 기여를 했다고 한다. 자유교회는 종교 단체의 열린 대화를 통해 의사를 결정하는 실천을 꾸준히 해 왔다.

을 배우는 것이다.[37]

톰 라이트는 교회가 할 수 있는 구체적인 사례를 다음과 같이 제시한다. 부상당한 망명자와 난민들을 위해 영국 교회가 발 벗고 나서서 그들을 환대하고 필요를 공급해 주는 일, 언론에서 시끄럽게 떠들어대기 전에 교회가 먼저 이들의 편에 서서 그들을 위한 목소리를 내주는 것, 이런 일이야말로 하나님이 공적으로 드러나는 순간이라고 말한다. 또 다음과 같은 예도 제시한다.

> 터무니없는 빚을 탕감해주는 주빌리 프로젝트를 통해, 저소득 가구나 노숙인들에게 거처를 제공하는 주택 신탁을 통해, 빠른 수익을 약속하는 파괴적 방식이 아닌 창조 세계를 보듬는 방식의 지속 가능한 농업 프로젝트를 통해 예수님은 이 세상을 다스리신다.[38]

톰 라이트는 이것이 바로 오늘날 예수를 따르는 이들이 세상을 향해 부활이 무엇인지를 보여주는 실제적인 행동이라고 말한다. 그렇기 때문에 복음은 단순히 예수를 믿고 죄에서 구원받는 단선적인 이야기가 아니다. 예수가 부활했다는 이야기를 실제로 살아내는 것이다. 공공신학은 깨어지고 분열된 이 세상에서 하나님이 계

---

37   Earl Zimmerman, "Church and Empire: Free-Church Ecclesiology in a Global Era," *Political Theology* 10.3 (2009), 492.

38   라이트, 『광장에 선 하나님』, 284.

신 곳, 부활의 장소를 발견하는 것이다. 그곳은 바로 "밤이 가장 어둡고 고통이 가장 극심한 곳, 즉 광영이 빛나고 나팔이 울리는 곳이 아니라 아기의 울음소리와 고문의 비명 소리가 들리는 곳"이다.[39] 예수가 그러했듯 교회 역시 고통받고 신음하는 이들의 곁을 가장 먼저 지켜주는 것, 이것이 바로 공공신학이 제시하는 교회의 자리이며 그리스도인들의 소명이다.

---

[39] 라이트, 『광장에 선 하나님』, 129.

7장

여섯 번째 길: 종교의 공적 귀환

오늘날 공적 영역에서 종교적인 경험과 의견을 적극적으로 표현하는 것이 적절한지에 대한 논쟁은 지속적으로 이어지고 있다. 특별히 존 롤스(John Rawls)가 이 문제를 다루면서 다시 수면 위로 떠올랐는데, 그는 『정치적 자유주의』에서 **중첩적 합의**(overlapping consensus)를 통해 이 문제를 표준적으로 잘 제시했다. 자유주의 사회 속에서 사적이고 개인적인 취향으로 폄하되었던 종교적 가치와 신념이 최근 **정치적 다원주의**라든가 **인정투쟁** 논의로 말미암아 그 목소리를 다시금 광장에서 외칠 수 있게 된 것이다.[1] 이로써 공적 영역에서 자신의 목소리를 찾지 못하고 사적 영역으로 후퇴했던 종교가 다시 귀환했다.

학자들 사이에서 후기 세속화에 대한 논의가 활발하게 진행되면서 세속화 논의는 더욱 세분화되었다. 앞에서 살펴본 하버마스를 비롯해 호세 카사노바(José Casanova), 찰스 테일러(Charles Taylor)와 같은

---

1   Nigel Biggar, "Christian Public Reasoning in the United Kingdom: Apologetic, Casuistical, and Rhetorically Discriminate," *Studies in Christian Ethics* 25:2 (2012), 144.

학자들은 근대 자유주의 사상과 신학의 관계를 새롭게 해석할 수 있는 여지를 마련해주었다. 근대 자유주의에 대한 일률적인 이해와 해석이 더욱 다양하게 분화되고 종교의 역할과 지위에 대한 논의도 확장된 것이다. 근대성과 종교의 매트릭스가 상당히 역동적이면서도 다층적이라는 것을 밝힌 것이다. 그동안 자유주의 공론장은 어떠한 이데올로기나 종교로부터도 초연하게 중립성을 지켜야 한다고 생각되었는데, 오히려 공론장은 다양한 욕구와 신념의 각축장이 되어버렸다. 그렇기 때문에 이러한 다양한 인정욕구가 사실은 정치의 근원적인 의지이자 뿌리였다는 것을 알게 된 것이다. 일레인 그레이엄(Elaine Graham)에 따르면, 전통적으로 신앙과 이성, 종교와 세속화 사이에는 타협할 수 없는 간극이 존재한다고 생각했는데, 이는 모두 공론장이 당연히 중립적일 것이라는 잘못된 신화에 사로잡혔기 때문이다.[2] 하지만 실제로는 정반대다. 정치는 철저하게 신학적이고 신념에 의해 좌지우지되는 의지의 각축장이다.

후기 세속사회가 가지고 있는 역설은 공론장에서 종교에 대한 요구는 부흥하면서도 제도로서의 교회는 쇠퇴한다는 점이다. 이제 공론장에서 종교의 역할과 기능이 새롭게 재편되고 있다. 아이러니하게도 신앙공동체가 공론장에 개입할 수 있는 여지가 늘어나고, 신앙의 이름으로 할 수 있는 일들이 새롭게 등장하기 시작했다. 그리고

---

2   Elaine Graham, "Between a Rock and a Hard Place: Public Theology in the United Kingdom," in *Contextuality and Intercontextuality in Public Theology*, 131-133.

이러한 참여의 권리가 정당화되고 보호를 받게 됐다.[3] 이러한 현상이 공공신학에 직접적인 영향을 끼친 것은 아니지만, 최근에 공공신학이 많은 사람의 주목을 받게 된 현상과 전혀 무관하지는 않다.

한편, 유럽의 좌파 정치철학자들이 현대 자유주의 정치철학을 비판하기 위해 바울과 종교의 급진성을 끌어들이는 현상도 종교의 공적 귀환에 큰 영향을 끼쳤다. 유럽의 저명한 정치철학자들, 예를 들어 아감벤, 바디우, 지젝과 같은 이들이 정치신학의 문제를 중요하게 다루면서 다시금 **종교의 귀환**이 가속화되고 있다. 하지만 이들의 모든 논의의 기저에는 제1차 세계대전 당시 바이마르 공화국의 의회주의와 자유주의를 비판한 칼 슈미트(Carl Schmitt)의 정치신학이 놓여 있다.

공공신학으로 가는 마지막 길목에서 우리는 롤스의 정치철학을 중심으로 그의 논의가 공공신학과 어떤 관련이 있는지 살펴보고, 이에 대한 여성 정치철학자들의 비판을 살펴보도록 하겠다. 이어서 근대 정치철학의 신학적 기원을 추적한 슈미트의 논의를 통해 정치신학의 새로운 가능성과 방향을 모색하고, 오늘날 공공신학은 이러한 담론들을 어떻게 전유할 수 있는지 제시해보도록 하겠다. 이들 정치철학자들과 대화를 통해 공공신학의 외연을 확장하고, 앞으로 공공신학이 어떤 방식으로 학제 간 연구에 기여할 수 있는지를 살펴보도록 하겠다.

---

3   Graham, "Between a Rock and a Hard Place: Public Theology in the United Kingdom," 135.

1. 롤스의 정의론과 페미니즘의 비판

일반적으로 공공신학을 연구하는 이들에게 자주 제기되는 질문은
신앙의 내적 논리와 언어가 공적 영역에 진입할 때 발생하는 딜레마
에 관한 것이다. 즉 복음은 자신의 고유한 기독교 전통과 언어를 상
실하면서까지 세상과의 소통과 보편성을 추구해야만 하느냐 하는 것
이다. 공공신학이 신학 고유의 언어와 문법으로 세속의 영역에 그대
로 투과되어 시민들에게 전달되기 어렵다면, 어느 선에서는 그 내용
을 가공하고 타협해야 한다. 존 롤스는 공적 영역에서 합의에 도달하
기 위해 가능한 모든 종교적·철학적·도덕적 교리에 무지의 장막(veil of
ignorance)을 드리우고 오직 절차적 정의에만 충실할 것을 요청한다. 롤
스는 정의란 무엇인가를 묻기보다 공정한 절차에 의해서 계약 당사자
들이 서로 합의하고, 그 결과 모두가 납득할만한 결론을 도출하면 그
것이 바로 정의로운 것이라고 말한다. 소위 순수한 절차적 정의(pure
procedural justice)를 주장한 것이다. 롤스를 위시한 정치적 자유주의자
들은 계약 당사자들의 합의에 의해 재화를 공정하게 분배하고, 불평
등을 해소하는 방식으로 효율성을 극대화하는 방법을 모색한다.

이런 방식으로 정의를 이해하면, 특정한 종교적 세계관이나 인간
관, 사회적 가치는 공적 영역에서 합의를 만들어가는 과정에 방해
가 된다. 특정한 가치나 신념을 거론할 경우 합의가 깨지고 사회의
화합이 불가능하게 될 우려가 있기 때문이다. 롤스가 정의의 원칙
을 이러한 방식으로 옹호한 점은 충분히 이해할 수 있고 어느 정도

정당하다고 할 수 있다. 특히나 지금과 같이 인정과 감정, 종교적 열망에 쉽게 휘둘리는 한국의 상황에서는 절차적 정의에 대한 기본적 합의가 반드시 필요하다.

하지만 롤스는 이 테제를 부적절한 방식으로, 또 공동체주의의 비판에 취약할 수밖에 없는 방식으로 옹호한다는 것이 문제다. 공동체주의자들은 권리를 지닌 어떤 개인이란 오직 일정한 제도를 갖춘 특정 유형의 사회 내에서만 있을 수 있으므로, 그런 식의 옳음의 우선성은 있을 수 없다고 말한다.

> 모든 형식의 원자론이 범하는 기본적인 오류는 다음과 같다. 자신의 고유한 목표들과 열망들을 지니고 그에 대한 정당한 보상을 지키려는 그런 개인은 특정한 문명 내에서만 가능한데, 원자론은 그 가능한 정도를 제대로 고려하지 못한다. 그런 근대적 개인이 나오려면 일정한 제도와 관행·법규·평등한 존중의 규칙·공동 숙고의 습관·공동의 결사체·문화적 발전 등이 오랫동안 발달해야 했다.[4]

개인의 정체성을 형성한 역사적 맥락을 고려하지 않는 사회적 합의는 공허하고 내용 없는 형식주의에 불과하다는 비판이다. 그래서 상탈 무페(Chantal Mouffe)는 자유주의자들의 정치철학에는 정작 정

---

4   Charles Taylor, *Philosophical Papers Volume 2: Philosophy and the Human Sciences* (Cambridge: Cambridge University Press, 1985), 309.

치가 빠졌다고 비판한다. 정치라는 것은 다름 아닌 서로의 차이를 확인하고 이러한 차이를 통해 치열한 공방과 투쟁의 장을 형성하는 것이기 때문이다.[5] 또한 롤스는 자유의 우선성을 정의론의 제1원칙으로 제시하는데, 개인 고유의 가치관과 세계관을 배제하는 것은 오히려 양심의 자유와 표현의 자유에 어긋나는 것이 아닌지 물을 수 있다. 독특한 세계관·인간관·사회관을 공적 영역에서 거론하지 않으면서 양심의 자유를 말할 수 있을까? 공적 영역에서 이와 같은 기능들을 차단하고 순수한 절차적 정의만을 허용한다면, 과연 그 영역에서 사상의 자유가 있다고 말할 수 있을까?

하지만 무엇보다 롤스에 대한 가장 날카로운 비판은 페미니즘 이론으로부터 나왔다. 자유주의 정치철학의 정당성은 정당한 분배와 토론에 의한 진리 창출인데, 이런 근거는 모두 인간의 합리성과 보편성에 호소한다. 보편성의 정치학에 반대해서 차이의 정치학, 인정의 정치학을 주장하는 페미니즘 정치철학은 오히려 개인 또는 집단의 차이에 따라 평등을 재조정할 필요가 있으며, 이러한 차이에 따른 구별된 대우를 제도적으로 보장해주어야 한다고 말한다. 이들은 모든 사람을 동등하게 대우하는 것 자체가 부정의의 조건이 될 수 있다고 말한다. 특히 사회적으로 뒤처진 계층이나 개인, 문화적으로 소외된 사회경제적 특정 계층이 존재하고, 이들은 일방적으로 보편성이라는 이름으로 개인의 정체성을 강요당해왔다.[6]

5　샹탈 무페, 『정치적인 것의 귀환』, 이보경 옮김(서울: 후마니타스, 2007), 3장 "롤즈: 정치 없는 정치철학"을 참고하라.

합리적인 토론과 합의를 통해 정의를 도출하는 방식은 보편적인 공감대를 형성할 수 있지만, 실제로는 토론에 참여하기 위한 진입 장벽이 높다는 문제를 안고 있다. 소통의 언어는 이성에 근거한 논리와 합리성이기 때문에 교육을 받지 못한 계층들은 접근성이 떨어질 수밖에 없다.[7] 그래서 아이리스 영은 공론장에서 배제되고 제외된 피지배 계층도 사용할 수 있는 감성의 언어, 감정의 언어를 통해 공론장을 흔들어야 한다고 말한다. 그녀는 공론장에서 서로 다른 의견을 조율하고 설득하는 정치적 의사소통 형식을 포괄적으로 재구성해야 한다고 말한다. 왜냐하면 대안적인 공론장은 침묵을 강요당한 민중들이 공론장에서 잃어버린 자신들의 목소리를 주체적으로 발화할 수 있도록 회복시켜주어야 하기 때문이다.

> 강요된 침묵과 배제의 상황으로 인해 억압을 당하고 해를 입은 집단이 어떻게 자신들의 고통을 공적인 자기표현과 연결시킬 수 있을까? 스토리텔링은 부당한 취급을 받은 존재의 삭제된 경험과 정의에 대한 정치적 논의 사이에서 이러한 경험을 연결시켜주는 중요한 역할을 하곤 한다.[8]

---

6   Charles Taylor, "The Politics of Recognition," in *Multiculturalism And "The Politics Of Recognition": An Essay*, eds., Amy Gutmann and Charles Taylor (Princeton, NJ: Princeton University Press, 1992), 38.

7   이남석, 『차이의 정치—이제 소수를 위하여』(서울: 책세상, 2001), 141.

8   Iris Young, *Inclusion and Democracy* (Oxford: Oxford University Press, 2000), 72.

영은 하버마스의 공론장 개념에 **사회적인 것**을 추가해 그 의미를 더욱 크게 확장하고자 한다. 여기서 그녀는 사회적인 것을 **성가신 것, 귀찮은 것, 어질러진 것**이라는 의미의 "messy"를 사용해서 표현한다. 사회의 갈등과 투쟁의 요소들을 감추거나 덮어두지 말고, 더욱 분명하고 활발하게 드러냄으로써 다양한 목소리를 분출시키자는 것이다. 영은 사회의 다양성을 포괄하는 민주주의가 되기 위해선 국가가 시민사회와 긴장관계를 유지하고,[9] 공적 담론을 더욱 "성가시고, 다양한 계층으로 분화되고, 장난스럽고, 감성적으로" 만들어야 한다고 말한다.[10]

따라서 문제는 공정하고 정당한 정의론을 제시하고 재화를 얼마나 효율적으로 분배하느냐에 있는 것이 아니라, 사회 구성원 개개인의 존엄성과 품위를 어떻게 인정해주고 지켜주느냐에 달려 있다고 볼 수 있다. 예를 들어, 생활고에 시달린 가족의 집단 자살은 형식적이고 절차적인 민주주의의 기틀이 마련되고 재화의 분배가 제도적으로 공정하게 이루어졌다 한들, 무시와 배제의 시선이 여전히 존재한다면 계속될지도 모른다.[11]

페미니즘 철학자들이 분배의 정치에서 인정의 정치로, 더 나아가

---

9   Young, *Inclusion and Democracy*, 157.

10   Young, *Inclusion and Democracy*, 168.

11   기초생활수급자나 무료급식 수혜자는 자신의 경제적 무능력을 관청에 증명해야만 하는 모욕감을 경험한다. 따라서 아무리 생활고에 시달리는 가족들을 구제할 수 있는 사회보장제도가 마련되었다 하더라도 이들이 겪어야 할 수치심을 해결해주지 못하면 비참한 사건은 계속 반복될 것이다.

배려의 정치를 주장하는 이유가 여기에 있다. 인간에게 가장 근원적이고 본질적인 욕구는 다름 아닌 타자에게 인정을 받고자 하는 욕구이기 때문이다. 따라서 정의는 공정한 분배가 아니라 **인간으로서의 존엄성과 품위를 어떻게 회복시켜줄 것인가**의 문제이고, **어떻게 이들의 수치심을 제거시켜줄 것인가**에 대한 물음과 직접적으로 연결되어 있다. 인간은 원자적 개인으로 존재하는 것이 아니라 공동체의 신념 체계와 연대를 통해 자신의 정체성을 형성하고 세워나간다. 따라서 인간이 지닌 존엄성과 품위에는 전통적인 가치나 신념 그리고 종교적 열정까지 포함될 수밖에 없다.

또한 롤스의 정의론이 놓치고 있는 부분은 종교 제도와 의식을 사회제도에 속한 것으로 보지 않는다는 점이다. 사회 구성원 개개인이 가진 종교를 정의로운 사회를 평가하는 기본적인 요소로 보는지 보지 않는지는 상당히 중요한 문제. 아비샤이 마갈릿(Avishai Margalit)은 정의로운 사회를 넘어 품위 있는 사회는 "부분적으로 종교의식과 같은 제도에 의거해서 평가된다"고 말한다.[12] 예를 들어, 어떤 종교에서 여성의 참여를 일정 부분 제한한다고 하면, 그 여성은 모임 속에서 배제를 통한 모욕을 경험하게 된다. 물론 그런 종교 공동체에 참여할지 말지는 개인이 정하는 문제이기 때문에 공적인 사회 제도가 관여할 바가 아니라고 할 수도 있다. 불평등한 종교집단에 계속 남아있을지 탈퇴할지는 순전히 개인의 선택이기 때문이

---

12   아비샤이 마갈릿, 『품위 있는 사회』, 신성림 옮김(서울: 동녘, 2008), 288.

다. 그러나 종교나 국가와 같은 포괄 집단은 단순히 개인의 선택과 취향의 문제로 모두 설명되지 않는다. 한 사회가 정의로운 사회인지 아닌지를 평가할 때는 다양한 포괄 집단들이 어떤 제도와 조직을 가지고 있는지도 매우 중요한 평가 기준이 된다. 종교 제도가 구성원들을 모욕적인 방식으로 다루고 있다면 그런 포괄 집단은 사회 전체를 타락시키는 것이다. 아비샤이는 "품위 있는 사회라면 개인의 정체성을 확립하고 더 큰 사회 안에서 만족스러운 생활양식을 유지할 수 있도록 바람직한 대안을 제시할 수 있어야 한다"고 말한다.[13] 따라서 품위 있는 사회는 개별 포괄 집단의 제도가 구성원들을 어떻게 대하는지에 대해서도 관심을 기울여야 한다.

2. 중첩적 합의와 정치적 다원주의

롤스는 『정의론』에서 공정으로서의 정의를 주장한 이후, 『정치적 자유주의』에서 다원주의 상황 속에서 어떻게 **포괄적 교리**(comprehensive doctrine)가 합의를 이루면서 안정적인 관계를 유지할 수 있는지를 고민한다. 포괄적 교리란 한 사람의 인생 전반에 걸친 가치들, 사적 관계에 관한 이상들을 모두 포함하는 신념 체계를 가리킨다. 예를 들면, 기독교 교리, 공리주의, 마르크스주의와 같은 신념 체계 같은 것

---

13   마갈릿, 『품위 있는 사회』, 290.

이다. 롤스에 따르면, 전통, 신앙, 가치, 확신과 같은 포괄적 교리는 우리가 어떻게 살아야 하는지에 대한 중대한 영향력을 행사한다. 따라서 이런 것을 공적 영역에서 부인하거나 떼어내기는 매우 어렵다. 세속 사회에서도 이것은 언제나 그림자처럼 따라붙는다. 이런 상황에서 어떻게 공적 이성을 통해 **중첩적 합의**(overlapping consensus)를 이끌어 낼 수 있는지가 중요한 문제로 제기된다.

롤스는 『정치적 자유주의』에서 **합리적인 것**(the rational)과 **합당한 것**(the reasonable)을 나눠서 설명한다. 합리성이 자신의 이익을 추구하는 개인주의적 요소라면, 합당성은 **정의감**(sense of justice)과 관련된 공동체주의적 요소를 포함하는 것이다. 합당한 사람은 자신의 입장을 절대적이라고 주장하지 않으며 타인의 주장을 무시하지 않는 상호 존중의 태도를 보여준다.[14] 사실 이러한 태도가 없이는 합의 자체가 불가능하다. 공론장에 참여하기 위해선 타인의 논의를 기꺼이 경청하려는 자발적인 의지가 필요하고, 사회구성원들과 상호의존적으로 협력하겠다는 **연대성**(solidarity)이 필요하다.[15]

목광수는 서로를 존중해주는 덕성이 공론장에서 매우 중요하다고 말한다. 상호 존중은 "시민들이 공동체의 다른 구성원들에게 갖는 지속적으로 습관화된 어떤 정서적 태도"라 할 수 있다.[16] 자신과 다른 의견을 가진 사람들과 열린 자세로 대화할 때, 건강하고

---

14   존 롤스, 『정치적 자유주의』, 장동진 옮김(서울: 동명사, 2016), 147.

15   목광수, "민주주의적 덕성과 공론장," 『사회와 철학』 25 (2013), 375-376.

16   목광수, "민주주의적 덕성과 공론장," 386.

건설적인 공론장이 유지될 수 있다. 서로 다른 입장을 가진 사람들과 평등하게 토론하고, 그 과정에서 서로의 이야기를 경청하고 공감하면서 관용의 정신을 키우는 것이 중요하다. 이러한 관용을 토대로 상호 존중과 연대감을 함양하고 강화할 수 있다. 공론장은 이렇게 타인의 낯선 생각을 접하고 자신의 삶을 돌아볼 수 있는 성찰의 기회를 제공해주기 때문에 시민으로서의 품성을 형성하기 좋은 공간이다.

　존중의 정신은 존중의 체계를 통해 완성된다. 단지 나와 다른 생각을 가진 집단과 종교를 존중하는 태도와 정서만으로는 지속적이고 안정적인 공존을 이어가기 어렵다. 롤스는 자신의 정의관이 다원화된 민주사회의 현실을 충분히 고려하지 못했음을 인정하고 새로운 대안으로 **정치적 정의관**(political conception of justice)을 제시한다. 정치적 정의관은 포괄적 교리와 다르게 그 주제를 사회의 기본 구조에 한정하며, 공적인 정치문화에 담겨 있는 정치적 가치들로부터만 성립된다. 어떤 특정한 포괄적 교리에 휘둘리지 않고, 오로지 정치적 가치에 의해서만 성립되는 것을 말한다.[17] 이를 위해 롤스는 중첩적 합의를 통해 이성적인 시민들이 수용할 수 있는 정의관을 제시한다. 정치적 정당성을 확보한 정의관은 현실 속에서 이성적인 시민들에 의해 다시 한번 검증을 거쳐야 한다. 이런 수용 과정을 중첩적 합의라고 하는데, 이 테스트를 통과하면 다양한 가치관과 교리

17　롤스, 『정치적 자유주의』, 92-97.

를 가진 시민 모두가 받아들이는 공통의 정치적 정의관이 탄생한다. 여기서 특정한 교리를 자신의 이론적 토대로 삼고 있는 정의관은 중첩적 합의를 통과할 수 없다.[18]

롤스의 정치적 자유주의는 갈등하고 있는 합리적인 포괄적 교리가 서로 다른 선의 개념이라든가 경쟁하고 있는 합리성과 함께 존재한다고 가정한다. 중첩적 합의에는 종교적·철학적·도덕적 교리로 서로 분리되고 나눠진 시민들의 다양성 속에서도 안정적이고 정의로운 사회를 세우려는 동기가 깔려 있다. 이는 사회 구성원들에게 어떤 교리를 강압적으로 주장하는 것은 옳지 않다는 입장인데, 이런 입장은 아마도 대부분의 공공신학자들도 찬성하는 입장일 것이다. 제니 라이트(Jenny Wright)가 주장하듯, 만약 공공신학의 과제가 기독교 국가를 만든다든가 학문의 영역 혹은 교회에서조차 하나의 기독교만을 확고하게 세우는 것이 아니라면, 합리적인 다원주의를 인정하는 중첩적 합의는 기독교인들이 정치적이고 경제적인 영역에 참여할 수 있는 적절한 플랫폼이 될 수 있다.[19]

정의로운 제도를 갖춘 합리적 정치 체제는 결국 개인의 특성과 기질을 더욱 강하게 발전시킬 수 있고, 그 경향성은 나아가 더 넓은 시민사회로 확장될 수 있다. 세계를 보는 관점, 편견, 선에 대한 관념

---

18   롤스, 『정치적 자유주의』, 247.

19   Jenny A. Wright, "The Overlapping Consensus and Public Theology? Moving Beyond Consensus to Community," in *Contextuality and Intercontextuality in Public Theology*, 272.

들이 정도에 따라 서로 모순을 일으킬 수도 있고, 큰 영향력을 발휘할 수도 있지만, 그것은 결국 사적인 것과 공적인 것 모두에 영향을 미친다. 따라서 공공신학은 기독교 교리를 공유하지 않는 이들과도 공적인 토론에 참여해서 서로의 의견을 청취해야 한다. 롤스가 말하는 시민 개념은 합리적이고 합당할 뿐만 아니라 자유롭고 평등한 것이다. 그리고 이것이 바로 중첩적 합의의 핵심이다. 민주사회의 토론은 합리적으로 진행되어야 하고 그 누구도 자신의 교리를 상대방에게 강압적으로 강요해서는 안 된다.[20]

롤스는 이렇게 합리적이고 정의로운 제도가 개인의 포괄적인 교리나 도덕적 특징과 서로 조화를 이룰 수 있다고 생각했다. 이것은 그저 잠정적인 타협도 아니고 미래의 희망으로 유보시키는 유토피아도 아니다. 롤스는 사람들이 정의에 대해서 논할 때, 종교적이고 도덕적인 논증을 배제해서는 안 된다고 말했지만, 동시에 정의에 대한 담론이 종교적 신념에 의해서 왜곡되거나 부패하면 안 된다고 봤다. 그렇다면 정치적 자유주의의 과제는 공론장에서 동일한 신념이나 가치 체계를 가지고 있지 않다고 하더라도, 나의 정의와 너의 정의를 우리의 정의로 옮겨갈 수 있는 공통의 근거를 찾는 것이다.

정의에 대한 이념이 서로 같을 필요는 없다. 정의는 주어진 상황에 따라서 언제든지 변할 수 있는 개념이기 때문에 특정한 정의의 원칙을 정할 필요는 없다. 다른 사람을 받아들이는 법을 배우는 것

---

20   Wright, "The Overlapping Consensus and Public Theology? Moving Beyond Consensus to Community," 273.

은 그들을 다르게 보는 법을 배우는 것이다. 우리의 역사와 문화 그리고 종교에 뿌리내린 선입견들은 다른 사람들을 존중하고 수용할 수 있는 방식으로 그리고 그들과 교류할 수 있도록 변화되어야 한다. 정의가 지닌 합리성의 일부는 우리의 진리가 진짜 진리가 아닐 수도 있다는 가능성을 염두에 두는 것이다. 롤스가 고심했던 것은 시민 각자가 지닌 합리적이고 포괄적인 교리를 유지하면서도 사람들이 조화롭게 살아갈 수 방법이었다. 그리고 그 해결책이 중첩적 합의였다.

롤스의 중첩적 합의는 기독교가 지닌 고유한 신념 체계와 다원주의 사회가 요구하는 정치적 개념을 연결할 수 있는 좋은 이론적 기초가 될 수 있다. 롤스의 정의론을 바탕으로 미로슬라브 볼프는 『인간의 번영』에서 종교적 배타주의가 정치적 다원주의와 만날 수 있는 지점을 설득력 있게 제시한다. 그는 세계종교가 자신과 다른 전통과 종교를 가진 이들에게 충분히 관용을 베풀고 존중할 수 있는 내적 자원을 가지고 있으며, 그것은 하나님의 본래적 성품에서 나온 삶의 방식이라고 말한다.[21] 만약 기독교의 포괄적 교리가 이웃에 대한 책임과 돌봄을 가장 중요한 특징으로 가지고 있다면, 모두를 위해 자신이 가진 이익과 자원을 나눠 줄 때 기독교는 충분히 롤스가 말한 정치적 정의론을 실현할 수 있을 것이다.

관용과 존중은 다원주의 사회에서 단순한 참여 그 이상의 도덕적

---

21   미로슬라브 볼프, 『인간의 번영』, 4장 "종교적 배타주의와 정치적 다원주의"를 보라.

접근을 필요로 한다. 공적 영역에서 그러한 언어를 사용하는 것은 바로 우리들의 책임이다. 관용과 존중은 필연적으로 공동체를 필요로 하고, 우리는 그 속에서 인간의 가치와 존엄성에 대한 의미를 발견하게 된다. 공공신학이 삶의 다양한 영역에서 연대와 책임과 호혜성의 의미를 확장시키고, 우리의 이웃이 누구인지를 진지하게 고민하고 성찰하도록 만든다면, 기독교가 공론장에서도 충분히 의미 있는 역할을 할 수 있을 것이다.[22]

3. 후기 세속사회와 새로운 정치신학

오늘날 사회학자들은 현대 서구사회를 분석하면서 탈세속화(desecular-ization) 혹은 후기 세속사회(post-secular society)라는 용어를 많이 사용한다. 대표적인 종교사회학자 피터 버거(Peter L. Berger)는 어느 인터뷰에서 자신의 생각이 어떻게 변해왔는지를 다음과 같이 말한다.

세속화론은 50년대와 60년대에 많은 사회과학자들과 역사학자들에 의해 사용된 용어다. 기본적으로 그것은 매우 간단한 제안이었다. 그것은 한 문장으로 진술될 수 있다. '근대성은 필연

---

22   Wright, "The Overlapping Consensus and Public Theology? Moving Beyond Consensus to Community," 277-278.

적으로 종교의 쇠퇴를 가져온다.' 내가 종교사회학을 시작했을 때, 모든 사람이 같은 생각을 가지고 있었다. 그리고 나는 그것이 옳다고 생각했다. 그것이 완전히 미친 가정은 아니었다. 사람들이 그렇게 말한 많은 이유가 있었다. 하지만 나는 그 자료가 세속화론을 뒷받침하지 않는다는 결론에 도달하기까지 약 20년이 걸렸다. 그리고 다른 사람들도 같은 결론에 도달했다. … 오늘날 세계는 크게 세속화되지 않았다. … 세계의 나머지 사람들은 대단히 신앙심이 깊다. 세계의 어떤 지역은 이전보다 더 종교적이다. 세속화론은 틀렸다. 이제 그 이론이 틀렸다고 결론짓는 것은 새로운 사고의 시작이다. 나는 몇 년 전에 세속화론을 대체하기 위해서는 다원주의가 필요하다는 결론에 도달했다. 근대성이 반드시 세속성을 만들어내는 것은 아니다. 그것은 필연적으로 다원주의를 만들어낸다. 그것은 한 사회에 다른 세계관과 가치 체계가 공존한다는 것을 의미한다.[23]

버거는 근대화가 진전되면 자연스럽게 종교적 배타주의와 근본주의가 사라지고 상대주의와 다원주의가 만연해질 거라 생각했다. 자신과 다른 생각을 가진 이들과 함께 살아가면서 자연스럽게 자신의 생각만 옳은 것이 아니라는 사실을 깨닫고, 상대방의 생각이

---

23 Peter L. Berger, "A Conversation with Peter L. Berger: 'How My Views Have Changed'," by Gregor Thuswaldner, *The Cresset* 77 (2014): 16-21. http://thecresset.org/2014/Lent/Thuswaldner_L14.html.

나 삶의 방식도 수용하면서 결국 확고했던 기존 신념을 내려놓게 될 거라 전망한 것이다. 하지만 결과는 정반대였다. 오히려 사람들은 상대주의가 강해질수록 절대주의에 다시 매력을 느끼고, 점점 더 확고한 신념 체계를 붙들었다. 다양한 사람들이 어울려 살면 종교적 배타주의가 사라질 줄 알았는데, 오히려 더 융성해져서 반세속화 운동이 강렬하게 전개된 것이다.[24]

위르겐 하버마스, 호세 카사노바, 찰스 테일러, 탈랄 아사드 같은 정치철학자들도 이러한 후기 세속화 논의에 참여하고 있다. 이들은 근대적 자유주의 사상 속에서 어떻게 종교가 공론장에서 새로운 역할을 차지하게 됐는지를 연구한다. 근대화와 사회적 분화를 통해 종교적 신념이나 단체들이 점차 쇠퇴할 것이라 예상했던 모두의 기대를 뒤집고 전 세계적으로 새롭게 일어나고 있는 종교의 재등장을 주목한 것이다.

하지만 이런 현상을 단순히 종교의 부흥이나 새로운 사회적 상상력이라고 말하기는 애매한 부분이 있다. 여전히 유럽 대부분의 국가에서 종교는 지속적으로 약화되고 있으며 세속화의 중요한 특징들은 강화되고 있다. 동시에 공적이면서도 전 지구적 신앙이 다양한 방식으로 증가하고 있는 것도 사실이다. 후기 세속사회의 역설은 종교가 부흥하는 듯 보이면서도 제도나 기구로서의 종교는 지속적으로 쇠퇴하고 있다는 점이다. 헨트 드 프리스(Hent de Vries)는 "만약 종교인은

---

24   볼프, 『인간의 번영』, 182-183.

사라지지만 종교적인 것의 실존은 지속되고 있다는 것을 인식한다면, 그 사회는 후기 세속사회라 할 수 있다"고 말한다.[25] 중요한 것은 바로 종교의 내용이 아니라 형식이다. 근대화와 세속화가 진전되면서 종교의 내용과 알맹이는 바뀔 수 있어도 종교가 가지고 있는 독특한 형식은 여전히 현대 사회를 구성하는 중요한 요소로 기능하고 있다. 그렇다면 이제 후기 세속사회에서 공공신학은 종교 그 자체에 대한 이해와 세속 국가에 대한 이해를 완전히 새롭게 할 필요가 있다.

막스 베버(Max Weber)가 근대 세계의 탈주술화를 통해 신앙의 영역을 공적 영역에서 쫓아낸 이후, 사실과 가치, 신앙과 이성, 세속과 종교는 철저히 서로의 영역을 침범하지 말아야 한다는 암묵적 규칙을 만들었다. 세속 영역은 사실과 이성의 영역이므로 중립적이고 자율적이라는 신화를 만든 것이다. 하지만 이와 정 반대로 칼 슈미트(Carl Schmitt)는 "근대에 와서 신학의 존재가 사라지기는커녕 계속해서, 그것도 두드러진 역할을 하고 있음"을 보여줬다.[26] 슈미트는 "현대 국가론의 중요 개념은 모두 세속화된 신학 개념이다"라고 말함으로써 근대화 이후에도 여전히 신학이 세속 정치에 개념사적으로

---

25   Hent de Vries, "Introduction: before, around, and beyond the theologico-political," in *Political theologies: public religions in a post-secular world*, eds., Hent de Vries and Lawrence E. Sullivan (Fordham Univ Press, 2006), 1. 드 프리스는 이런 현상의 원인을 전 지구화의 영향으로인한 국제 정치학의 중요성 부각과 전 세계적 디아스포라의 확산으로 설명하기도 한다. 이제 전 세계는 사회, 경제, 문화의 영역에서 동일한 경험과 동일한 생각을 공유하게 되고, 자연스럽게 공적 영역이 중요하다는 것을 깨닫게 됐다.

26   조르조 아감벤, 『왕국과 영광』, 박진우·정문영 옮김(서울: 새물결, 2016), 37.

영향력을 행사하고 있다고 말한다.[27]

슈미트는 현대 민주주의와 의회주의로 대표되는 근대적 이성이 오늘날 정치적인 문제를 해소할 줄 알았는데 실제로는 아무것도 설명하지 못한다고 생각했다. 그는 경제 공황 상태에서 의회가 무기력해지고 아무 일도 하지 못할 때, 주권자가 필요하다는 것을 깨달았고, 바로 이 예외 상태를 결정하는 주권자의 등장이 법의 한계와 기능을 정한다고 본 것이다. 예외 상태를 결정하는 주권자는 법의 테두리 안에 있으면서 법의 효력을 중지시킬 수 있기 때문에 역설적으로 법을 창설하는 창조자다. 이렇게 슈미트는 근대 정치철학과 법실증주의를 비판하면서 여전히 신학적 개념이 현대 사회에도 중요하게 작동하고 있다는 사실을 보여준다. 슈미트가 사용하는 **"주권", "결정", "예외 상태"**와 같은 용어는 모두 근대 정치학의 근저에 신학적인 요소들이 깊이 뿌리박혀 있음을 보여준다.

칼 슈미트는 제1차 세계대전 이후 나치를 지지한 법학자로 많은 이들의 비판을 받아왔다. 하지만 최근에 다시 그의 사상이 주목을 받고 있는데, 그것은 바로 자유주의와 근대성에 대한 그의 날카로운 비판 때문이다. 슈미트는 갈등과 대립의 관계를 해소하려는 자유주의가 삶의 역동성과 생명력을 빼앗는다고 봤다. 정치적인 것의 본질은 수많은 모순 속에서 삶의 충만함을 선취하는 것이고, 주권자가 인격적 존재로서 필요한 순간에 결단을 내리고 새로운 순간을 창조하는 것이다.

27　칼 슈미트, 『정치신학』, 김항 옮김(서울: 그린비, 2010), 54.

자유주의는 모든 정치 문제를 일일이 토론하여 협상 자료로 삼는 것과 마찬가지로 형이상학적 진리까지도 토론으로 해소하려 한다. 그 본질은 다음과 같은 기대를 갖고 하는 협상이며 어정쩡함이다. 즉 결정적 대결, 피비린내 나는 결전을 의회의 토론으로 바꿀 수 있고 영원한 대화를 통해 영원히 유보상태에 머물 수 있다는 기대 말이다. 자유주의는 이런 기대를 하면서 수다를 늘어놓는 셈이다.[28]

슈미트는 공적 토론이 진리에 이를 수 있다거나 다양한 의견 교환을 통해 진리를 도출할 수 있다는 자유 민주주의의 가정을 받아들이지 않는다. 이런 가정은 진리를 의견 교환이라는 끝나지 않는 미래로 계속해서 유보시키기 때문이다. 그는 이렇게 실현되지 않을 희망을 옹호하고 정치적 삶의 실제를 무시하는 민주주의를 공격한다. 따라서 근대성과 민주주의는 한마디로 반정치적이다. 정치적인 것은 예외 상태를 결정하고, 적과 친구를 결정하는 주체의 판단으로부터 시작된다. 주권의 결정이 궁극적인 권위이며 법의 기초가 된다.[29] 슈미트는 키에르케고어의 다음과 같은 말을 통해 합리주의, 통일성, 질서, 정상적인 것을 깨뜨리고 흐트러뜨리는 예외의 힘을 설명한다.

---

28 슈미트, 『정치신학』, 86.

29 Francis Schüssler Fiorenza, "Political Theology and the Critique of Modernity: Facing the Challenges of the Present," *Distinktion: Scandinavian Journal of Social Theory* 6.1 (2005), 95.

예외는 일반적인 것을 설명하고, 자기 자신도 설명한다. 그리고 만약 일반적인 것을 올바르게 연구하고자 한다면, 오로지 진정한 예외에 눈을 돌리기만 하면 된다. 모든 것이 일반적인 것보다는 예외 속에서 백일하에 뚜렷이 드러나기 때문이다. … 이 예외를 설명하지 못한다면 일반적인 것 또한 설명할 수 없다. 만약 열정 없이 그저 겉치레로 일반적인 것을 사유한다면 결코 이 어려움을 감지할 수 없을 것이다. 예외는 이에 반해 일반적인 것을 뜨거운 열정으로 사유한다.[30]

많은 정치철학자들이 칼 슈미트에게 다시 관심을 보이는 이유는 이미 한 세기 전에 자유 민주주의를 날카롭게 비판했던 그의 목소리가 후기 세속사회를 설명하는 데 중요한 통찰을 제공하기 때문이다. 그동안 자유주의적 의회제도는 도덕과 종교를 사적 영역으로 제한시켜 왔고, 공적 영역의 최고 의결권을 가진 의회는 합리적 합의를 통해 대중의 의견을 수용하고 결정할 수 있다고 판단했다. 그러나 자유주의가 집단적 정체성보다 개인의 자유에 우선권을 두고, 절차적 정당성을 통해 사회에 존재하는 다양한 이해관계를 관리하고 조절할 수 있다고 생각한 것은 큰 오산이었다. 공동체와 특정 집단의 윤리적 가치에 근거해서 공론을 만들면 불일치만 나온다는 이유로 다양한 인정 욕구와 삶의 형식들을 배제한 결과, 오히려 사람들은 참여와 열정

---

30 Søren Kierkehaard, *Gjentagelsen: Et Forsøg I den experimenterende Psychologi*, Kjøbenhavn: Faaes hos C.A. Reitzel, 1843. 칼 슈미트, 『정치신학』, 28에서 재인용.

을 상실하고 말았다. 한마디로 적이 없는 자유주의를 만든 것이다.

오늘날 슈미트의 정치신학은 벤야민, 아감벤, 데리다, 무페와 같은 사상가에게 결정적인 영향을 주었는데, 이들은 모두 현대 민주주의의 폐해와 한계를 지적하면서 새로운 정치적 상상력을 모색한다. 아군과 적군, 친구와 적을 분명하게 나누면서 법과 질서가 가져다주는 안정성을 중지시키는 법 너머의 정의를 강조하기도 하고, 근대 국가의 예외 상태를 면밀히 조사해 호모 사케르(Homo Sacer)로 전락한 인간의 상황을 극명하게 제시하기도 한다. 또한 절차와 합의를 중시하는 민주주의의 형식을 날카롭게 비판하면서 경합적이고 다원적인 급진 민주주의를 주장하는 이들도 있다.

언뜻 보기에 슈미트의 정치신학은 공공신학과 정반대편에 서 있는 것처럼 보인다. 앞서 살펴봤듯이 공공신학은 정치적 자유주의자들의 철학적 토대 위에서 전개된 학문이다. 공공신학을 연구하는 많은 신학자는 공적 이성, 중첩적 합의, 의사소통 합리성과 같은 개념들을 사용해 복음의 공적 증언을 설명한다. 그렇다면 칼 슈미트로부터 촉발된 새로운 정치신학은 어떤 방식으로 공공신학에 기여할 수 있을까?

페트라 브라운(Petra Brown)은 칼 슈미트와 본회퍼의 정치신학을 비교하면서 결단과 예외 상태 같은 개념이 자유와 책임 있는 행동으로 연결될 수 있다고 말한다.[31] 본회퍼는 "책임 있고 사실에 적합한 행동은 그 어떤 법칙으로도 규제할 수 없는, 궁극적 필연성의 특수

---

31 Petra Brown, "Bonhoeffer, Schmitt, and the state of exception," *Pacifica* 26.3 (2013), 246-264.

한 상황 앞에서 원리적 법칙과 규정의 영역을 벗어나게 된다"고 말한다.[32] 책임 있게 행동하는 사람은 어떤 법칙이나 원리에 얽매이지 않고, 이성의 한계선을 넘어서 자유롭게 판단하고 결단을 내리는 사람이다. 이런 의미에서 그는 법칙을 파괴하고 법칙을 새롭게 만드는 사람이다. 본회퍼는 현실에 적합한 행동을 하는 사람만이 책임 있는 행동을 할 수 있고, 그런 사람만이 타자를 위한 책임을 질 수 있다고 말한다. 윤리는 원리나 법칙을 통해 주어지는 것이 아니라, 개입, 결단, 결정을 할 때 순간적으로 주어지는 것이다.[33]

유럽에서 종교전쟁이 끝난 이후, 정치의 공간에서 성스러운 것이 분리되면서 종교는 사적 영역으로 후퇴하고, 실증적이고 합리적인 것만이 공적 영역에서 진리로 통용되었다. 하지만 공적 영역을 차지한 자유주의는 결정을 회피하고 판단을 지속적으로 연기한다.[34] 그런 점에서 슈미트의 정치신학은 정치와 초월성의 관계를 해소하려는 프로젝트였다고 할 수 있다. 슈미트는 정치가 규범이나 법칙으로 환원되는 것을 반대했다. 정치는 삶의 영역이며, 그 영역에서는 인격적인 주권자의 개입과 판단이 중요하게 작동한다. 책임 있는 행동은 윤리와 법칙의 영역을 넘어서 자유로운 주체가 결정을 내릴 때 가능한 것이다. 그렇기 때문에 책임 있는 윤리적 주체는 죄책을 짊어질 각오를 해야 한다. 역사 안에서 구체적인 행동을 하는 인간은 죄를 지을 수밖

---

32   본회퍼, 『윤리학』, 326.

33   본회퍼, 『윤리학』, 107, 268.

34   슈미트, 『정치신학』, 82.

에 없고, 그렇기 때문에 하나님의 용서가 필요한 존재가 된다.[35]

근대적 합리성과 공적 이성 위에 만들어진 공론장은 예외 상태와 주체의 결단을 허용하지 않았기 때문에 새로운 신학적 상상력과 초월적 개입 혹은 내재적 초월을 허용할 공간이 없었다. 슈미트는 19세기 이후, 사람들 사이에서 초월의 이미지가 모두 사라지고, 국가론의 전개에 있어서 "모든 유신론적이고 초월적인 표상이 제거"됐다고 말한다.[36] 근대 국가는 신을 세계 속으로 끌어들여 개인 속에 내재하는 인권이라든가 보편적 이성으로 대체했다. 하지만 슈미트는 정치와 신학 사이에는 형식적인 유사성이 있고, 실제로 법이 작동하는 방식에는 원초적 폭력, 원초적 결단과 도약이 작용한다고 봤다.[37] 이성과 합리성의 토대 위에 세워진 세속적 공론장에 실제로는 신학적 개념이 보이지 않게 작동하고 있다는 점을 폭로한 것이다. 동시에 현대 자유주의적 민주주의를 통해서는 정치 본연의 모습이 드러날 수 없다고 본 것이다.

오늘날 새로운 정치신학을 모색하는 이들은 칼 슈미트를 통해 후기 세속사회가 직면한 딜레마, 즉 성스러운 것과 정치적인 것의 관계를 어떻게 해소할 것인가에 대한 단초를 얻고자 한다. 그동안 서구에서 제시한 공론장은 단순한 연합과 합의만을 내세우는 공론

---

35   본회퍼, 『윤리학』, 329.

36   슈미트, 『정치신학』, 71.

37   Antonio Cerella, "Religion and political form: Carl Schmitt's genealogy of politics as critique of Jürgen Habermas's post-secular discourse," *Review of International Studies* 38.5 (2012), 982.

장, 근대적 합리성만을 소통의 방식으로 제시한 폐쇄적 공론장, 서로의 차이를 숨긴 채 공허하고 형식적인 평등을 추구하는 공론장이었다. 하지만 세계화 시대를 맞이해 이제는 제한과 제약이 없는 대화, 새로운 형태의 소통과 대화가 가능한 공간, 단순히 재화의 분배만이 아니라 문화와 감정과 지위가 인정받을 수 있는 공론장이 요청되고 있다. 무엇보다 종교는 사회적 상상력을 제공할 수 있는 원천이다. 교회는 종말의 비전을 선취하는 공동체로서 기존의 통치체제와 가치를 전복시킬 수 있는 자원을 가지고 있다. 종교가 공론장에 기여할 수 있는 부분이 있다면, 바로 공론장의 경계를 계속 확장시켜 급진적인 민주주의를 실현할 수 있는 가능성을 제공하고, 공론장에서 배제된 이들의 목소리를 대변하여 기존의 틀과 형식을 계속 흔드는 것이다. 공공신학은 그 경계선을 사유하고 고민하면서 지속적인 신학적 상상력을 제공해주는 역할을 감당할 수 있다.

8

누구를 위한, 어떤 공공신학인가?

지금까지 필자는 공공신학이 어떠어떠해야 한다는 규범적 접근을 지양하고, 스미트의 연구에 힘입어 그 발생학적인 기원을 추적하면서 공공신학으로 가는 다양한 길들을 소개해보았다. 공공신학의 기원에 대한 다양한 이야기를 종합해서 대략적인 공통점을 찾아보고, 그 장단점을 제시해보려 했다. 이미 민주화를 성공적으로 이뤄냈고 복지체제와 경제민주화를 고민하는 북미와 유럽에서의 공공신학은 제3세계와 개발도상국에서의 공공신학과 다른 문제의식을 가질 수밖에 없다. 영국에서 논의되고 있는 공공신학은 복지 제도와 도시화에 따른 다양한 사회적 이슈를 다루는 경향이 강하다. 미국에서는 세속화된 공론장에서 기독교의 위치와 역할에 대한 고민이 끊임없이 제기되고 있다. 제3세계 국가의 경우 해방신학을 지나 자국 내의 다양한 사회적 이슈를 다루는 경우가 많다. 예를 들어, 남아공의 경우에는 에이즈 문제라든가 지역 사회 속 교회의 사회적 실천에 대한 연구가 활발하며, 브라질의 경우 시민권에 대한 신학적 성찰에 집중하고 있다. 아시아 국가에서는 세계화의 흐름 속에서 자본주의와 교회의 관계를 연구하거나 민주화를 위한 투쟁이 여전히 중요한 이슈로 다뤄지고 있다. 많은 학자들이 이제는 공공신학의 중요한 특징으로 보편성과 합리성보다는 특수성과 구체성을 강조하는 이유가 여기에 있다. 공공성에 대한 다양한 이해와 지역적 특징은 공공신학이 과연 무엇을 위해, 그리고 누구를 위해 신학을 전개하고 실천해야 하는지를 고민하게 만들었다.

알래스데어 매킨타이어(Alasdair MacIntyre)는 『누구의 정의? 어떤 합리성?』(Whose Justice? Which Rationality?)을 통해 자유주의의 중립성 테제를 비판한 바 있다.[1] 지금까지 살펴본 것처럼 공공신학에서 말하는 공공성은 지역과 상황에 따라 전혀 다른 맥락으로 적용되고 이해된다. 어쩌면 다양한 공공신학을 일일이 설명하는 것은 마치 각 사람의 개성을 설명하는 것만큼이나 다양하다고 할 수 있다.[2] 이제는 공공신학의 공공성을 말할 때도 누구의 어떤 공공성인지를 물어야 할 때가 온 것이다.

필자는 공공신학의 다양성과 다원성을 다루면서 누구를 위한 어떤 공공신학을 전개하느냐가 가장 중요한 핵심이라고 인식하게 되었다. 이 문제는 결국 **신학이 누구의 목소리를 대변하고 대표할 수 있는지**에 대한 물음으로 연결된다. 그러다가 자연스럽게 낸시 프레이저가 정치적 대표의 문제를 중요하게 다룬다는 사실을 알게 됐고, 그녀의 삼차원적 정의론에 관심을 기울이게 됐다. 프레이저는 그동안

---

1   Alasdair MacIntyre, *Whose Justice? Which Rationality?* (Notre Dame, IN: University of Notre Dame Press, 1988).

2   Jacobsen, "Models of Public Theology," 8.

정치철학자들이 정의의 내용에 대해서만 몰두했기 때문에 "공정하게 분배되어야 하는 것이 무엇인가에 관해서 논쟁해왔다"고 말한다. 하지만 이러한 문제의식은 자연스럽게 "어떤 사람들 사이의 평등인가?"라는 문제로 이어지는데, 이는 정의를 결정하고 수행하는 당사자가 누구인지가 더 중요한 문제로 떠오르기 때문이다. 여기서 중요한 것은 "정의의 주체를 인과적 대상으로서만이 아니라 사회적이고 정치적인 행위자로 해석"하는 것이다.[3] 그리고 이러한 정의의 당사자가 민주적으로 해결하기 위한 제도와 규범적인 방법을 논의하는 것이다. 결국 그녀는 기존의 정의론을 비판하면서 새로운 초국적 공론장을 맞이해 "무엇에 관하여 누가 참여하는지"가 오늘날 정의론의 중요한 문제라고 말한다.[4]

프레이저의 새로운 정의론은 지금까지 논의한 공공신학의 방향과 대상을 구체적으로 불러낼 수 있는 하나의 이론적 틀로 활용될 수 있다. 이번 장에서는 그녀의 정의론을 논의의 출발점으로 삼아 공공신학이 추구해야 할 방법론은 번역과 대화일 뿐 아니라 타자를 포용하고 끌어안는 환대여야 함을 보여주고자 한다. 마지막으로 그동안 논의한 공공신학의 다양한 흐름과 이야기들이 결국에는 공론장에서 배제당한 자들의 목소리를 복원해주고 대변해주는 것임을 주장하면서 전체 내용을 마무리하려 한다.

---

3   낸시 프레이저, 『지구화 시대의 정의』, 김원식 옮김(서울: 그린비, 2010), 81.

4   프레이저, 『지구화 시대의 정의』, 136.

1. 낸시 프레이저의 삼차원적 정의

프레이저는 최근에 논의된 정의론의 흐름을 두 가지로 나눠서 설명한다. 하나는 지난 150년간 정의론의 중요한 이론으로 자리잡은 **분배**(redistribution) 패러다임이다. 주어진 재화를 공정하게 분배함으로 사회정의를 이루려는 입장이다. 이 입장은 1970-80년대에 매우 정교하게 철학적으로 다듬어졌다. 이와 반대로 보다 최근에 생겨난 또 다른 흐름은 **인정**(recognition) 패러다임이다. 이 패러다임은 차이를 긍정하고, 주류와 지배적인 문화 규범에 종속되지 않는 다양한 정체성을 옹호하는 정치학으로 발전했다. 이 입장은 1980-90년대 악셀 호네트(Axel Honneth)나 찰스 테일러 같은 철학자에 의해 발전했다. 아쉽게도 이 두 패러다임은 서로 소통하거나 타협점을 찾지 못하고 평행선을 달리고 있다. 프레이저는 이 두 패러다임이 서로 섞이거나 어느 하나로 환원될 수 없지만, 그럼에도 어느 하나만으로는 정의를 온전하게 구현할 수 없다고 주장한다.[5] 그리고 이 두 패러다임을 통합할 수 있는 제3의 개념을 제시한다.

먼저 프레이저는 인정 이론이 정체성 정치와 동일시되면서 발생한 문제를 해결하는 것으로 이야기를 풀어간다. 인정 이론이 정체성의 정치와 동일시되면서 발생한 두 가지 큰 패착은 대체(displacement)와

---

5 Nancy Fraser, "Recognition without ethics?" in *The culture of toleration in diverse societies*, eds., Catriona McKinnon and Dario Castiglione (Manchester University Press, 2003), 86.

물화(reification)다.[6] 프레이저는 집단 정체성이 기존의 계급 투쟁을 대체하고, 문화적 이해관계가 경제적 착취 관계를 대체했으며, 문화적 인정이 사회정치적 관심사를 대체했다고 진단한다.

> 재분배를 정의의 핵심 문제로 삼는 사회주의적인 정치적 상상에서 인정이 정의의 핵심이 되는 포스트사회주의적인 정치적 상상으로 이동하고 있는 것 같다. 이 전환에서 가장 두드러지는 사회운동은 더 이상 경제적 계급으로 규정되지 않는다. 즉 이들은 자신의 이해관계를 옹호하면서 착취를 종식시켜 재분배를 이루고자 투쟁하는 사람들이 아니다. 오히려 이들은 문화적으로 규정된 집단 혹은 가치 공동체에 속하는 사람들로서, 자신의 정체성을 옹호하면서 문화 지배를 종식시켜 인정을 이루고자 투쟁하는 사람들이다.[7]

정체성 정치가 가져온 첫 번째 폐해는 이렇게 재분배를 위한 투쟁을 주변화하고 퇴색화한다는 것이다. 반면, 정체성 정치의 두 번째 폐해는 다양한 목소리와 소수자의 권리를 대변하기 위해 만들어진 정체성이 오히려 분리주의, 편협성, 가부장제와 권위주의를 조장

---

6   낸시 프레이저, "인정을 다시 생각하기: 문화 정치에서의 대체와 물화의 극복을 위하여," 낸시 프레이저 외, 『불평등과 모욕을 넘어: 낸시 프레이저의 비판적 정의론과 논쟁들』, 문현아 외 옮김(서울: 그린비, 2016), 202-220.

7   Fraser, *Justice Interruptus: Critical reflections on the "postsocialist" condition*, 2.

하는 방향으로 기울어지면서 극적으로 물화됐다는 것이다. 정체성을 견고하게 만드는 것이 투쟁의 전선을 분명하게 하는 효과가 있을지 모르지만, 만약 그것이 인간의 복잡성과 다양성 그리고 다양한 "횡단적 끌림"을 부정하게 된다면 그것은 오히려 권위적인 분파를 만들고 억압적 형식의 공동체주의로 귀결될 위험에 빠진다.[8]

따라서 프레이저는 인정 이론이 정체성 정치로 귀결되지 않으면서 재분배를 통한 정의론을 끌어안을 수 있는 대안적인 모델을 제시한다. 바로 인정을 **사회적 지위**(social status) 문제로 다루는 것이다. 지금까지는 인정을 요구하는 집단을 동일한 정체성을 공유하고 있는 공동체로 보는 경향이 강했는데, 프레이저는 이를 사회적으로 상호작용하는 온전한 사회적 파트너로 확장시키자고 말한다. 이러한 지위 모델에서 정치는 무시를 개별적인 차원에서 다루는 것이 아니라 사회 제도나 규범에서 그 원인을 찾는다.

> 인정 주장은 참여 동등을 방해하는 문화 가치 패턴들을 탈제도화하고, 그 자리에 참여 동등을 장려하는 패턴을 둘 것을 목적으로 한다. 이제 무시를 시정한다는 것이 의미하는 바는 사회 제도를 바꾼다는 것이다. … 법제화된 형식은 법적 변화를 요구하고, 정책으로 굳어진 형식은 정책 변화를 요구하며, 관념의 형식은 관념 변화를 요구한다.[9]

---

8   프레이저, "인정을 다시 생각하기: 문화 정치에서의 대체와 물화의 극복을 위하여,"
     210; Fraser, "Recognition without ethics?," 89.

프레이저의 지위 모델이 기존의 정체성 모델보다 진일보한 지점이 바로 여기에 있다. 그동안 호네트와 테일러가 개인 정체성을 상호주관적인 방식으로 이해하면서 심리학적 전제에서 출발하고, 이러한 개인의 정체성을 방해하는 다양한 문화적, 상징적 패턴을 부정의로 평가했다면, 프레이저는 개인의 정체성을 훼손하는 것을 단지 심리학적이고 관념적인 요소로 설명하는 정체성 모델에서 벗어나 사회학적이고 정치적인 것으로 설명한다. 지위 모델에서 무시는 단지 문화적이고 상징적인 모욕에서 발생하는 것이 아니다. 오히려 무시는 동등한 참여를 방해하는 제도적이고 정치적인 사회 패턴에서 발생한다.

> 정의는 모든 사회 구성원들이 다른 사람들과 동료로서 상호작용하도록 해주는 사회 상태를 요구한다. 나는 동등한 참여가 가능하기 위해서는 적어도 두 가지 조건이 충족되어야만 한다고 생각한다. 첫째, 물질적 자원의 분배를 통해 참여자들의 독립성과 '발언권'이 보장되어야 한다. … 두 번째 조건은 제도화된 문화적 가치 유형들이 모든 참여자들에 대해 동등한 존중을 표현하고 사회적 존경을 획득하기 위한 동등한 기회를 보장할 것을 요구한다.[10]

---

9   프레이저, "인정을 다시 생각하기: 문화 정치에서의 대체와 물화의 극복을 위하여," 213.

10   낸시 프레이저, "정체성 정치 시대의 사회 정의," 낸시 프레이저 & 악셀 호네트, 『분배냐, 인정이냐?: 정치철학적 논쟁』, 김원식·문성훈 옮김(사월의 책, 2014), 71-72.

프레이저는 그동안 공론장에 대한 담론이 동등한 기회와 참여에 대한 논의를 활발하게 진행한 것을 높이 평가한다. 하지만 아쉽게도 기존의 공론장에서 대화 참여자의 조건은 제한된 공동체에서 공유된 시민권을 가진 구성원들에게만 주어졌다. 정치적 시민권이 포용성의 범위를 결정한 것이다. 이는 정당성의 방법에 집중하느라 당사자에 대한 관심을 놓친 처사라 할 수 있다. 이것이 프레이저가 지적하는 베스트팔렌적 틀의 한계이자 극복해야 할 공론장의 규범이다.

프레이저의 대안은 기존에 공중과 시민권을 결부시켜 공론장의 참여자를 규명하고자 했던 틀을 넘어서 "종속된 모든 사람들의 원칙"이라는 새로운 개념을 제시한다.[11] 이는 앞서 지위 모델에서 설명한 바와 같이 사회적인 종속 관계에 속한 모든 대상자들이 주어진 문제를 해결하는 기본적인 공중의 대상이라는 것이다. 만약 그 사회적 종속 관계가 국가의 범위를 넘어서 초국가적으로 적용된다면, 포용성의 조건을 새롭게 재규정해야 한다. 결국 공론의 문제를 정치적 시민권과 결부시켰던 기존의 조건을 확대해서 이제는 전 지구적인 차원으로 확대해야 한다는 것이다. 진정한 공론장에 대한 규범은 "어떤 사람들 사이의 동등한 참여"인가를 통해 만들어진다.[12] 이를 통해 포용성과 동등성이 함께 비판적으로 정당성을 획득할 수 있다.

---

11   프레이저, 『지구화 시대의 정의』, 167.

12   프레이저, 『지구화 시대의 정의』, 171.

2. 환대의 공공신학

전통적으로 정의론의 문제는 **어떤 사람이 정의로운가** 혹은 **어떻게 정의로운 사회 구조와 제도를 만들 수 있는가**라는 논의를 중심으로 전개됐다. 하지만 낸시 프레이저처럼 지구촌 정의와 세계화를 화두로 삼고 있는 정치철학자들은 **정치적 성원권**(political membership)의 문제를 중요하게 다룬다. 그동안 논의되지 않았던 정의의 당사자 문제를 전면에 내세운 것이다. 공론장에서 배제되고 수용되지 못했던 다양한 정의의 당사자들을 어떻게 호명하고 그들의 자리를 어떻게 마련해주어야 하는지가 핵심 주제로 부상한 것이다. 공공신학이 중요하게 다루어야 할 주제도 이와 다르지 않다. 지금까지 공공신학에서 중요하게 생각해온 핵심 개념은 **번역**(translation) 혹은 **대화**(conversation)였다. 공공신학은 기독교 복음이 시민사회와 공론장에서 소통 가능하고 대화 가능해야 한다는 대전제 아래 논의를 전개했기 때문이다. 그런데 이러한 전제는 알고 보면 정치적 자유주의가 상정해놓은 틀이었고, 공공신학은 그 속에서 논의를 이어가고 있다는 것을 알 수 있다.

롤스로 대표되는 정치적 자유주의는 공적인 삶 속에서 발생하는 다양한 갈등과 논쟁 상황을 피하고 어떻게 하면 합의를 도출할 수 있는지에 초점을 맞춘다. 자연스럽게 다양한 시민 공동체와 개인의 삶 속에 깊숙이 내재된 삶의 궁극적 의미라든가 전통에 대한 존중은 가능한 피해야 할 주제가 된다. 이는 종교와 공론장의 관계에도 그대로 적용된다. 종교가 가지고 있는 고유하고 **두꺼운**(thick) 의미는 공적 이성이 허용하는 한계 내에서 가능한 한 **얇은**(thin) 언어로 번역되어야 한다. 종교가 전하고자 하는 가치와 이념은 공적 이성의 필터를 거쳐야만 공론장에 진입이 가능하다. 그 자체로는 정당화될 수 없다. 그러다보니 자연스럽게 공론장에서는 상당히 제한된 내용만을 다룰 수밖에 없다. 비합리적이고 비언어적인 형식의 다양한 이야기들은 공론장에서 배제된다.[13]

이와 같이 정치적 자유주의에 기반해 공공신학을 전개하면 당연히 공론장에서 배제되는 사람이 생기기 마련이다. 앞에서도 언급했지만, 공론장의 장벽은 너무나 높고 제한적이며 실제로 많은 사람들을 배제하고 있다. 루크 브레더톤(Luke Bretherton)은 자유주의 정치 체제 속에 사는 시민이 낯선 이방인을 만나면 겪게 되는 두 가지 유혹을 다음과 같이 설명한다.

> 첫째, 우리는 실제로 구체적인 타자를 절대로 만나지 않기 위해 일반화된 사람들 사이의 관계를 조정하고 관리함으로써 추상적인 관계의 형태를 만들어낸다. 이런 방식으로 타자를 객관화할 수 있다. 사실 이게 바로 롤스의 번역 모델이 하는 방식이다. … 둘째, 우리 자신이 가지고 있는 힘을 이용해 타자에게

---

13   Luke Bretherton, "Translation, Conversation, or Hospitality? Approaches to Theological Reasons in Public Deliberation," in *Religious Voices in Public Places*, eds., Nigel Biggar & Linda Hogan (Oxford University Press, 2009), 87-91.

어떤 것을 요구한다든가 배제하는 기회로 사용하려 한다. (공동체주의자들의) 대화 모델은 이러한 유혹을 해소하기 위한 준비가 덜 되어 있다.[14]

유연하고 개방된 공론장을 만들기 위해선 일상에서 만나는 타자의 얼굴을 직접 마주 보면서 정의에 대한 구체적인 감각과 이론을 만들어가는 것이 중요하다. 추상적인 사고실험이나 가상의 상황을 상정해놓고 정의에 대한 이론을 끄집어내는 방식으로는 결코 공론장으로부터 다양한 목소리를 들을 수 없다. 브레더톤은 롤스로 대변되는 자유주의의 **번역 모델**(translation model)과 매킨타이어로 대변되는 공동체주의자의 **대화 모델**(conversation model)의 장단점을 분석한 뒤, 공적 토론에서 기독교가 가질 수 있는 가장 적절한 방식은 **환대 모델**(hospitality model)이라고 말한다.

브레더톤이 제시하는 환대 모델은 공적 이성에 근거한 대화나 토론이 아니라 구체적인 행동에 의한 공동선의 실현을 강조한다. 공동의 관심과 이슈는 특수한 맥락 속에서 다루어지며, 기독교는 이러한 구체적인 맥락 속에 직접 참여함으로 공동선을 실현해야 한다. 환대 모델은 자신이 서 있는 전통이 충분히 존중받으면서 유용하게 그 가치를 인정받을 수 있도록 장려하는 동시에 타자의 타

---

14   Bretherton, "Translation, Conversation, or Hospitality? Approaches to Theological Reasons in Public Deliberation," 100.

자성 또한 깊이 공감하고 존중한다.[15] 이러한 환대 모델은 구약성
서로부터 초기 기독교 공동체에 이르기까지 기독교의 중요한 사회
윤리로 잘 알려져 있다. 이스라엘 공동체는 나그네와 이방인을 돌
보고 환대하는 것을 중요하게 생각했는데, 이는 다름 아닌 그들 스
스로가 나그네였기 때문이다. 타인을 맞아들이고 정성껏 돌보는
환대는 기독교 전통에서 중요한 자리를 차지했고, 그리스도인의 정
체성을 형성했다. 초기 그리스도교 공동체는 출신 성분이 다른 이
들에게 자신의 집을 개방하고 식사를 함께 나누며 예배를 드렸다.
크리스틴 폴(Christine D. Pohl)은 이렇게 조건 없이 낯선 이방인을 초
대하는 행위야말로 기독교 신앙이 진리임을 증명하는 사건이라고
말한다.[16]

　기독교가 말하는 환대는 무엇보다 연약한 이들을 최우선으로 돌
보는 것을 중요시한다. 고대 사회에서 식탁교제는 사람들의 평등한
가치와 존엄성을 인정하는 중요한 방식이었는데, 특별히 그리스도
인들은 손님을 초대해서 함께 식사 나누기를 즐겼다. 그리고 그 환
대의 식사는 단지 가족이나 친척에 국한되지 않았고, "신세를 갚을
수 없는 가난하고 궁핍한 자들"에게 베푸는 것이 핵심이었다.[17]

　물론 낯선 타인을 내 집에 초대해서 식사를 함께 나누는 행위는

---

15 Bretherton, "Translation, Conversation, or Hospitality? Approaches to Theological Reasons in Public Deliberation,"109.

16　크리스틴 폴, 『손대접』, 정옥배 옮김(서울: 복있는사람, 2002), 19-20.

17　폴, 『손대접』, 21.

위험하다. 안전하고 편안한 공간에 낯선 이를 맞이하는 것은 익숙함과 편안함의 리듬을 깨뜨리는 행위이기 때문이다. 어쩌면 나그네는 세상에서 안전하게 거할 수 있는 곳을 박탈당하고 사회적 관계망에서 떨어져 나온 이들이다. 가정에서, 교회에서, 국가에서 분리된 사람들을 초대해서 호의를 베푸는 행위는 그래서 위험할 수 있다. 그들은 사회가 규정하는 틀 밖에 위치한 이들이기 때문이다. 때로는 국가가 그들을 위험한 인물로 규정하기도 한다. 따라서 넓게 보면 환대라는 행위는 우리의 사유와 인식 그리고 사회적 편견과 문화적 관습을 깨뜨리는 새로운 계기를 마련해준다. 더 나아가 정치적이고 윤리적인 경계선을 확장하고 급진적으로 사유할 수 있게 해준다. 그래서 자크 데리다(Jacques Derrida)는 환대를 해체와 연결해서 설명한다.

> 환대란 편안함(at home)의 해체다. 해체는 타자들, 자신이 아닌 타자들, 그 타자들의 타자들, 그 타자들의 타자들이라는 경계 너머에 있는 이들에 대한 환대다.[18]

그래서 환대는 단순히 개인적인 호의나 자선의 문제가 아니라 사회정치적·경제적·철학적·종교적 문제와 깊이 연결되어 있다. 그저

---

18 Jacques Derrida, "Hospititality," in *Act of Religion*, ed., Gil Anidjar (New York: Routledge, 2002), 364. 강남순, 『코즈모폴리터니즘과 종교』(서울: 새물결플러스, 2015), 197에서 재인용.

불법 체류자나 난민의 문제에 국한된 것이 아니라 우리 사회가 소수자로 낙인찍고, 배척한 수많은 얼굴 없는 타자를 어떻게 포용하고 품을 수 있느냐의 문제이기 때문이다. 따라서 "환대를 실천한다는 것은 민주 정치를 다시 새롭게 생각하게 한다."[19] 좀 더 근원적으로 파고들어 가면, 데리다가 지적하듯이 사실 집주인 역시 처음부터 자신의 거주지에서는 손님이었다는 사실을 기억해야만 한다.

> 맞아들이는 자는 먼저 자기 집에 맞아들여집니다. 초대하는 자는 자신이 초대한 자에 의해 초대됩니다. 받아들이는 자는 받아들여지지요. 그는 자신의 소유한 집으로 여기는 것에서, 말하자면 자신이 소유한 땅에서 환대를 받습니다.[20]

집주인은 자신이 거주하는 곳에서 주인 행세를 하기 때문에 마치 자신이 손님을 환대하는 주체라고 생각하기 쉽지만, 오히려 역설적으로 주인 역시 자신의 집에서 이민자, 추방된 자, 낯선 자, 언제나 손님으로 남아 있다. 이미 그도 자신의 집을 선택하기에 앞서 그곳으로부터 선택을 당한 손님이었기 때문이다. 내가 이미 맞아들여진 자라고 생각한다면, 타자를 맞아들이는 일은 당연히 행할 수 있고 또 행해야 하는 일처럼 여겨질 것이다. 야훼 하나님은 이스라엘 백성도 전에는

---

19   Jacques Derrida, "Hospititality," 364. 강남순, 『코즈모폴리터니즘과 종교』, 170 에서 재인용.

20   자크 데리다, 『아듀 레비나스』, 문성원 옮김(서울: 문학과지성사, 2016), 85-86.

나그네였기 때문에 나그네를 돌볼 책임이 있다고 반복적으로 이야기한다.[21] 이방인이고 나그네였던 이스라엘 백성은 자신의 땅에서도 그와 같은 이들을 돌보고 환대해야 한다.

타자를 맞아들이기 위해 자신의 공간을 내어주고, 자리를 비워주는 것, 이것이야말로 기독교 신학에서 말하는 하나님의 희생적 사랑이라 할 수 있다. 볼프는 삼위일체 하나님께서 자신을 내주면서 고통받고 소외당한 모든 피조물을 끌어안으셨듯이 타자를 포용하려는 의지는 그 어떤 진리나 정의보다 선행한다고 말한다.

> 우리 자신을 다른 사람들에게 내주고, 그들을 '받아들이고', 그들을 위한 자리를 마련하기 위해 우리의 정체성을 재조정하려는 의지는, 그들의 인간성을 인식하려는 목적을 제외한 그들에 대한 그 어떤 판단보다 중요하다.[22]

그리스도인들의 정체성은 고정된 형태로 주어진 것이 아니라 끊임없이 외부와 소통하고 연결되면서 새롭게 생성된다. 타자와의 소통과 관계를 통해 정체성이 형성된다면 비록 빈 의자라 할지라도 누군가를 위한 자리는 마련되어야 한다. 목소리를 낼 수 있는 공간

---

21 "너는 이방 나그네를 압제하지 말라 너희가 애굽 땅에서 나그네 되었은즉 나그네의 사정을 아느니라"(출애굽기 23:9), "너희는 나그네를 사랑하라 전에 너희도 애굽 땅에서 나그네 되었음이니라"(신명기 10:19).

22 미로슬라브 볼프, 『배제와 포용』, 박세혁 옮김(서울: IVP, 2012), 44.

을 만들고 그 자리를 지켜주는 것이 중요하다. 그래서 볼프는 "포용하려는 의지가 없으면 정의도 있을 수 없다"라고 단호하게 말한다.[23] 여기서 말하는 정의는 불편부당하게 전지적 시점에서 모든 인간을 공평하게 평가하고 대우한다는 의미가 아니다. 오히려 적극적으로 불의한 상황에 개입해 약한 자의 편을 들어주는 하나님의 관심과 사랑을 말한다. 하나님의 정의는 추상적이거나 보편적인 형식으로 주어지는 것이 아니라 각 사람의 구체적인 상황에 따라서 심판하고 행동하는 것이다.[24] 이런 행동은 공정하지 못하다는 반대편의 지적을 감수해야 할지도 모른다. 그렇기 때문에 구체적인 선택에는 반드시 위험과 책임이 동시에 수반된다. 고아와 과부와 나그네를 돌보는 하나님의 사랑은 그래서 **위험을 감수하는 사랑**이다.

건강한 민주주의의 척도는 낯선 사람을 끌어안는 포용력과 직접적으로 연결되어 있다. 민주주의는 긴장과 갈등을 끌어안기 위해 고안된 제도라고 할 수 있다. 단지 타인에게 피해를 입히지 않고 정직하게 자신의 의무를 다하는 **가벼운 시민권**으로는 민주주의가 발전하지 못한다. 아니 오히려 그런 선량한 시민들 때문에 히틀러라는 괴물이 나왔다고 말하는 이들이 있을 정도다. 파커는 뉴욕의 택시 운전사와 나눈 이야기를 통해 낯선 자와의 접촉이 민주주의의 공공성을 어떻게 형성하는지 간접적으로 보여준다.

23　볼프, 『배제와 포용』, 349.

24　볼프, 『배제와 포용』, 352.

글쎄요, 어떤 손님이 탈지 전혀 알 수가 없지요. 그래서 조금 위험하기는 해요. 하지만 많은 사람을 만날 수가 있어요. 대중을 알아야 해요. 거기에서 인생에 대해 많은 걸 배운답니다. 대중을 알지 못한다면 아무것도 모르는 거죠. 생각을 나누면서 사람들에게서 많은 것을 배우니까요. 꼭 학교에 다니는 거 같아요. 여러 종류의 사람을 만나면 도움이 되지 상처가 되지는 않아요. 한 종류의 사람들만 좋아하면 좋지 않아요! 승객들과 이야기하면서 내가 좋은 생각이 있으면 말해주지요! 상대방은 그렇다고도 할 수도 있고, 아니라고 할 수도 있어요. 그런 식으로 나를 교육하는 것입니다. 아주 즐거워요. 돈을 주고도 이런 교육을 받을 수가 없지요.[25]

이 택시 운전사는 공적인 삶이 얼마나 위험한 모험인지 잘 알고 있다. 하지만 늘 새로운 손님을 태워 즐겁게 대화하는 즐거움이 그 두려움을 상쇄할 만큼 크다는 것 또한 알고 있다. 상호 의견 교환과 토론을 통해 우리는 민주주의를 학습한다. 이 학습이 우리를 성장시키고 마음의 근육을 키워준다. 그리고 그 교육의 핵심은 다양성을 인정해주는 공적 영역이 얼마나 개방적이고 모험을 두려워하지 않느냐에 달려 있다.

25　파머, 『비통한 자들을 위한 정치학』, 158.

3. 누구를 위한, 어떤 공공신학인가?

지금까지 살펴본 바에 따르면, 공공신학은 **누가, 무엇을, 어떻게** 만드느냐에 따라 그 성격이 분명하게 드러난다. 그렇다면 공공신학은 공공성에 대한 다양한 담론 투쟁이 자유롭게 오고 가면서 다양성을 수용하고 감싸 안을 수 있어야 하며, 동시에 논의를 진행하는 대화 당사자가 출신이나 조건에 의해 배제되지 않고 동등하게 참여할 수 있는 호혜의 공간이어야 한다.[26]

공론장은 본래 이기주의나 개인주의에 대항해서 모든 사람들이 차별 없이 접근 가능한 공동의 공간을 이상적인 이념으로 가지고 있다. 하지만 실제로는 대부분의 공론장에서 정상적인 시민이라고 간주되는 특정한 집단이 정의의 당사자로 상정되고, 이들이 말하는 공공성은 그 밖의 다른 주체들을 억압하거나 배제하는 도구로 사용된다. 많은 경우 (정상의 범위에서 벗어났다고 판단되는) 소수자는 정의의 원칙에서 배제되고 정당한 권리조차 박탈당하며, 자신의 목소리조차 제대로 드러낼 수 없는 분리와 소외를 경험한다. 그리고 이들은 정상인들을 위협하는 존재로 부각되어 결국에는 공론장뿐 아니라 공동체에서도 추방당한다. 많은 사람이 지지하거나 다수가 공감

---

26 공론장은 어떠한 문화적 표현의 형식도 용인되고 수용될 수 있는 호혜의 공간이다. 낸시 프레이저는 사회적 평등, 문화적 다양성, 그리고 참여적인 민주주의가 결합된 공론장을 새로운 대항 공론장으로 제시한다. Nancy Fraser, *Justice Interruptus: Critical reflections on the "postsocialist" condition*, 83-85.

하고 있는 가치를 좋은 것이라고 섣불리 인정해버리는 공공성은 배제와 추방의 논리로 사용되기 쉽다. 공론장에서 포용의 원리가 아닌 배제의 원리가 작동하는 순간, 공공성은 폐쇄적인 집단적 배타성으로 돌변하게 된다. 공공성을 지키기 위한 노력은 그래서 공공성의 경계에 대한 끊임없는 담론투쟁으로 이어져야 하며, 공론장에 참여하는 당사자들의 평등하고 자유로운 접근을 급진적으로 확장시키는 것이어야 한다.

사이토는 이런 의미에서 공공성은 **욕구 해석의 정치**가 되어야 한다고 말한다.[27] 이 정치는 어떤 필요나 욕구를 공적으로 대응할 것인가, 아니면 개인/가족 등에 의해 사적으로 충족되어야 할 것인가를 둘러싼 투쟁의 정치다. 공공성은 바로 이러한 욕구의 정의를 둘러싼 담론투쟁이어야 하는데, "새로운 욕구 해석의 제기는 새로운 자원의 배분을 청구"하기 때문이다.[28] 개개인의 욕구가 모두 법정적인 언어로 번역이 된다든가 합리적인 언어로 해소되지 않는다 하더라도, 그것들이 하나의 권리가 되어 공론장에서 다양한 방식으로 소통되고 수용된다면, 기존의 공론장에서 배제를 경험한 이들은 비로소 자신들의 목소리를 찾을 수 있게 된다. 이들에게 절실하게 필요했던 것은 어쩌면 정당한 분배라든가 공정한 정의의 원칙에 포섭되는 절차적 합법성이 아니라 자신들의 욕구가 대중에게 승인되고 사회를 구성

---

27   사이토 준이치, 『민주적 공공성』, 80-81.

28   사이토 준이치, 『민주적 공공성』, 81.

하는 하나의 목소리로 인정을 받는 것이 아니었을까?

따라서 공론장은 다양한 상황 가운데 있는 다양한 사람들의 목소리가 무시당하지 않으면서, 동시에 의사소통 합리성이라는 범주에 들어가지 못한 이들까지 감싸 안을 수 있는 유연하고도 넉넉한 공간이 되어야 한다. 그래서 공론장의 중요한 정치적 가치는 바로 **배제에 대한 저항**이다. 공론장은 어느 누구라도 자신의 자유를 보장받을 수 있는 공간이며, 사회가 만들어낸 은밀한 배제의 구조로부터 밀려난 자들을 위한 자리까지 마련해줄 수 있는 공간이어야 한다. 그래서 사이토는 외부로부터 부여된 자신의 정체성과 필요에 저항하고 사회적 편견과 시선으로부터 벗어나 자기 삶의 존재 방식을 긍정적으로 다시 설정하고 다시 해석하는 것이 바로 대항적 공론장의 역할이라고 말한다.[29]

공공신학은 구체적인 장소에서 다른 모습으로 자신을 새롭게 드러내시는 하나님을 중심으로 신학을 구성한다. 하나님의 계시는 시간과 공간을 차지하고 있는 구체적인 현실이고, 그것은 다름 아닌 바로 교회를 통해 가시화된다. 그리고 교회는 사회 속에서 자신이 감당해야 할 사명을 위해 대안적인 공간을 새롭게 창조하고, 사회에서 소외된 자들을 불러 모아야 한다. 교회는 자신을 위해 존재하는 곳이 아니라, 언제나 자기 자신을 넘어 세상을 자신과 화해시키는 하나님의 은총(선물)을 세상에 증언하는 장소이기 때문이다. 그래서

29　사이토 준이치, 『민주적 공공성』, 37.

교회는 세상에서 낯선 자로 존재하며, 동시에 낯선 자들을 맞아들이는 장소가 된다.

우리가 공론장에서 만나는 낯선 자들은 성령의 사역으로 말미암아 그리스도 안에 있는 우리들의 정체성을 함께 만들어갈 수 있게 해주며, 그리스도의 공동체를 개방시켜주는 역할을 한다. 타자의 자리에서 타자의 권리와 자유를 변호해주고, 그들의 차이를 인정해주는 노력이야말로 교회가 세상을 위해 할 수 있는 최선의 공적 사명 중 하나일 것이다. 따라서 공공신학은 보편적인 로고스의 폭력을 폭로하고, 공론장으로부터 박탈된 자들의 편에 서서 그들의 자유와 권리를 위한 목소리가 되어주어야 한다.

그렇다면 공공신학의 중요한 역할과 과제는 다름 아닌 목소리를 빼앗긴 이들의 목소리를 복원시켜 주고 이들을 위한 자리와 공간을 마련해주는 것이 아닐까? 희생자들과 사회적 약자들을 위한 공적인 자리를 만들어주고 이들의 목소리를 경청해주는 것, 그리고 희생자들의 편에 서서 그들의 눈물을 닦아주고 그들과 함께 울어주는 것, 이런 작은 행동과 몸짓이 시대의 요청에 응답하는 공공신학의 과제이다.

국내 공공신학 도서 소개

이형기 외,『**공적신학과 공적교회**』, 킹덤북스, 2010.

장로회신학대학교의 '공적신학과 교회 연구소'에서 출간한 책으로 장신대 교수들의 논문 모음집이다. 국내에 공공신학 논의를 촉발시킨 연구서로 처음 공공신학을 접하는 이에게 적합한 책이다. 장신대는 국내 신학대학 중에서 공공신학을 가장 활발하게 연구하고 있으며, 연구서를 지속해서 출간하고 있다.

미로슬라브 볼프,『**광장에 선 기독교: 공적 신앙이란 무엇인가**』, IVP, 2014.

우리 시대의 가장 영향력 있는 신학자 가운데 한 명인 미로슬라브 볼프가 본격적으로 공공신학에 관해 연구하기 시작하면서 쓴 책이다. 그리스도인이 다원주의 사회 속에서 어떻게 자신의 신념을 유지하면서 공론장에 참여해야 할지를 잘 설명한 책이다. 이 책의 실천편에 해당하는 『행동하는 기독교』는 현대 사회의 다양한 이슈를 공공신학과 연결해서 설명한다.

짐 월리스,『**하나님 편에 서라: 공동선은 어떻게 형성되며, 우리 사회를 어떻게 치유하는가**』, IVP, 2014.

복음주의 정체성을 갖고 있으면서 미국 사회와 정치에 대해 날카로운 비판적 목소리를 낸 짐 월리스가 공동선(common good)에 대한 생각을 정리

했다. 윌리스의 성서 해석과 행동 지침은 그동안 추상적으로만 논의되던 공공신학과 공동선을 구체적으로 가시화시켜 준다. 필자가 말한 공공신학의 실제 모습을 보여달라고 하면, 주저하지 않고 이 책을 보여주겠다.

리처드 마우, 『**무례한 기독교: 다원주의 사회를 사는 그리스도인의 시민교양**』, IVP, 2014.
이 책은 그리스도인이 자신의 정체성을 확고하게 붙들면서도 어떻게 시민 다움을 유지할 수 있는지 탁월하게 보여준다. 그리스도인이 민주주의의 시민으로 살아가는 것은 단순히 사회의 한 구성으로서 가져야 할 덕목일 뿐만 아니라 영적으로도 매우 중요하다는 점을 일러준다.

로버트 우스노우, 『**기독교와 시민사회: 현대 시민사회에서의 기독교인의 역할**』, CLC, 2014.
종교사회학자로 널리 알려진 우스노우의 대표적인 책으로, 시민사회 속 기독교의 역할, 공공종교, 세속화와 후기 세속화, 문화전쟁에 대한 중요한 주제들을 다루고 있다. 미국에서 논의되고 있는 공공신학을 이해하기 위한 기초 자료로서 가치가 있다.

제임스 K. A. 스미스, 『**왕을 기다리며: 하나님 나라 공공신학의 재형성**』, IVP, 2019.
국내에 소개된 공공신학과 정치신학 관련 책 중에서 가장 이론적이면서 가장 최신의 논의를 담고 있는 책이다. 제임스 스미스는 개혁파 신학을 기반으로 오늘날 영미권에서 가장 중요하게 다뤄지고 있는 여러 학자의 논의를 끌어와 예배와 정치, 민주주의와 기독교의 관계를 신학적으로 풀어낸다. 다양한 학자들의 주장을 자기만의 방식으로 정리하고, 본인이 말하고자 하는 결론으로 논의를 끌고 가는 집중력이 대단하다.

톰 라이트, 『**광장에 선 하나님: 그리스도인, 어떻게 권력을 향해 진리를 외칠 것인가**』, IVP, 2018.

공공신학에 대한 성서적 근거나 연구가 상당히 빈약한 편인데, 톰 라이트가 이 부분을 적절하게 채워주었다. 톰 라이트가 말하는 그리스도인의 공적 역할과 책임은 예수 그리스도의 신실함과 부활의 능력을 공적 영역에서 증언하는 것이다. 그리고 이 증언은 자연스럽게 세상 권력과 맞서고, 세상과는 다른 독특한 삶의 양식을 만든다. 톰 라이트 특유의 날카로운 성서 해석과 적용이 깊은 감동을 준다.

성석환, 『**공공신학과 한국사회: 후기 세속 사회의 종교 담론과 교회의 공적 역할**』, 새물결플러스, 2019.

공공신학, 후기 세속사회, 도시공동체, 선교적 교회를 연구해온 저자가 그동안의 연구 결과를 모은 책이다. 공공신학에 대한 학문적 논의뿐 아니라 지역공동체 속에서 구체적으로 어떻게 실천해야 하는지를 다양한 사례와 함께 소개한다. 저자가 직접 발로 뛰고 지역교회 혹은 시민사회에 참여하면서 얻은 통찰을 담고 있어 현장감이 넘친다.

문시영, 『**교회의 윤리 개혁을 향하여: 공공신학과 교회윤리**』, 대한기독교서회, 2016.

국내에 맥스 스택하우스와 스탠리 하우어워스의 신학을 열심히 소개한 저자의 연구 성과가 집약된 책이다. 상반되는 듯한 두 신학자의 주장을 차례로 소개하고, 이 둘 중 어느 하나만 선택하지 않아도 된다고 말하면서, 오늘날 한국교회를 위해선 스택하우스의 공공신학과 하우어워스의 교회 윤리가 모두 필요하다고 말한다.

김근주, 『**복음의 공공성: 구약으로 읽는 복음의 본질**』, 비아토르, 2017.
국내 구약학자가 구약성서를 '공공성'의 관점으로 해석하고 풀이한 책이다. 구약에서 말하는 하나님 나라는 신자 개인을 공적인 삶으로 부르고, 공동체를 형성하고, 정의를 실현하는 것이라고 말한다. 궁극적으로는 연약한 이웃을 사랑하는 것으로 공공성이 실현된다고 말한다. 공공신학에 대한 성서적 주해가 빈약한 국내 상황에 단비와 같은 책이다.

참고문헌

서론

성석환. 『공공신학과 한국 사회』. 서울: 새물결플러스, 2019.

이승구. "일반: 공적 신학(公的神學)에 대한 개혁파적 한 접근." 한국개혁신학
24 (2008): 229-261.

이형기. 『하나님 나라와 공적 신앙』. 서울: 한국학술정보, 2009.

장신근. 『공적실천신학과 세계화시대의 기독교교육』. 서울: 장로회신학대학교출
판부, 2007.

Smit, Dirk J. "The Paradigm of Public Theology? Origins and Development." in
Contextuality and Intercontextuality in Public Theology. eds., H. Bedford-
Strohm, F. Höhne and T. Reitmeier. Münster: Lit Verlag, 2013, 11-23.

1장 - 공공신학 다시 정의하기

남찬섭. "공공성과 인정의 정치, 그리고 돌봄의 윤리." 한국사회 13.1 (2012): 87-
122.

던컨 포레스터. "신학과 공공정책: 권력에 대한 솔직한 대화." 리처드 아스머, 프리
드리히 슈바이처 엮음, 『공적신앙과 실천신학』, 연세기독교교육학포럼
옮김. 서울: 대한기독교서회, 2005, 271-290.

조한상. 『공공성이란 무엇인가』. 서울: 책세상, 2009.

하승우. 『공공성』. 서울: 책세상, 2014.

Forrester, Duncan B. *Theological Fragments: Essays in Unsystematic Theology.* New York: T. & T. Clark, 2005.

Smit, Dirk J. "The Paradigm of Public Theology? Origins and Development." in *Contextuality and Intercontextuality in Public Theology.* eds., H. Bedford-Strohm, F. Höhne and T. Reitmeier. Münster: Lit Verlag, 2013, 11-23.

_____. "Notions of the public and doing theology." *International Journal of Public Theology* 1.3 (2007): 431-454.

Storrar, William. "2007: A Kairos Moment for Public Theology." *International Journal of Public Theology* 1:1 (2007): 5-25.

Thomson, Heather. "Stars and compasses: Hermeneutical guides for public theology." *International Journal of Public Theology* 2.3 (2008): 258-276.

Van Oorschot, Frederike. "Public Theology facing Globalization." in *Contextuality and Intercontextuality in Public Theology.* eds., H. Bedford-Strohm, F. Höhne and T. Reitmeier. Münster: Lit Verlag, 2013, 225-231.

2장 - 첫 번째 길: 시민종교와 벌거벗은 공론장

김지방. 『정치교회』. 서울: 교양인, 2007.

김진호. 『시민 K, 교회를 나가다』. 서울: 현암사, 2012.

로버트 우스노우. 『기독교와 시민 사회』. 정재영·이승훈 옮김. 서울: CLC, 2014.

로버트 D. 퍼트넘. 『나 홀로 볼링』. 정승현 옮김. 서울: 페이퍼로드, 2009.

미로슬라브 볼프. 『인간의 번영』. 양혜원 옮김. 서울: IVP, 2017.

파커 J. 파머. 『비통한 자들을 위한 정치학』. 김찬호 옮김. 서울: 글항아리, 2012.

최장집. 『민중에서 시민으로』. 경기: 돌베개, 2009.

Bellah, Robert N. "Civil religion in America." *Daedalus* 134.4 (2005): 40-55.

Brown, Petra. "Bonhoeffer, Schmitt, and the state of exception." *Pacifica* 26.3 (2013): 246-264.

Demerath III, N. J. "Civil society and civil religion as mutually dependent." in *Handbook of the Sociology of Religion*. ed., Michele Dillon. Cambridge University Press, 2003, 348-358.

Hunter, James Davison. *Culture wars: The struggle to control the family, art, education, law, and politics in America*. Basic Books, 1992.

Neuhaus, Richard John. *The Naked Public Square: Religion and Democracy in America*. Wm. B. Eerdmans Publishing, 1986.

Smit, Dirk J. "The Paradigm of Public Theology? Origins and Development." in *Contextuality and Intercontextuality in Public Theology*. eds., H. Bedford-Strohm, F. Höhne and T. Reitmeier. Münster: Lit Verlag, 2013, 11-23.

3장 – 두 번째 길: 공적 담론으로서의 신학

스탠리 하우어워스. 『교회됨』. 문시영 옮김. 서울: 북코리아, 2010.

Biggar, Nigel. *Behaving in Public: How to Do Christian Ethics*. Grand Rapids: Eerdmans, 2011.

_____. "Is Stanley Hauerwas Sectarian?" in *Faithfulness and Fortitude: In Conversation with the Theological Ethics of Stanley Hauerwas*, eds., T. Nation and S. Wells. Edinburgh: T&T Clark, 2000, 141-160.

De Gruchy, John W. "From political to public theologies: The role of theology in public life in South Africa." *Public Theology for the 21st Century: Essays in Honour of Duncan B. Forrester*. eds., William Storrar and Andrew Morton. London and New York: T&T Clark, 2004, 45-62.

_____. "Public theology as Christian witness: Exploring the genre." *International Journal of Public Theology* 1.1 (2007): 26-41.

Gustafson, James M. "The Sectarian Temptation: Reflections on Theology, the Church and the University." *Catholic Theological Society* 40 (1985): 83-94.

_____. "An analysis of Church and Society social ethical writings." *The Ecumenical Review* 40.2 (1988): 267-278.

Hauerwas, Stanley. *The Peaceable Kingdom.* Notre Dame: University of Notre Dame Press, 1983.

Hauerwas, Stanley, and Romand Coles. *Christianity, democracy, and the radical ordinary: Conversations between a radical democrat and a Christian.* Vol. 1. Wipf and Stock Publishers, 2008.

Jacobsen, Eneida. "Models of public theology." *International Journal of Public Theology* 6.1 (2012): 7-22.

_____. "Public and Contextual? An Introductory Approach to the Contextuality of Public Theologies." in *Contextuality and Intercontextuality in Public Theology.* eds., H. Bedford-Strohm, F. Höhne and T. Reitmeier. Münster: Lit Verlag, 2013, 71-83.

Koopman, Nico. "Contemporary Public Theology in the United States and South Africa." in *Freedom's Distant Shores: American Protestants and Post-Colonial Alliances with Africa.* ed., R. Drew Smith. Waco, Texas: Baylor University Press, 2006, 209-222.

Richardson, Neville. "Community in Christian ethics and African culture." *Scriptura* 62 (1997): 373-385.

Stackhouse, Max. "Reflections on how and why we go public." *International Journal of Public Theology* 1.3 (2007): 421-430.

_____. "Public Theology and Political Economy in a Globalizing Era." *Public Theology for the 21st Century: Essays in Honour of Duncan B. Forrester.* eds., William Storrar and Andrew Morton. London and New York: T&T Clark, 2004.

_____. *God and Globalization. vol. 4: Globalization and Grace.* New York: T&T Clark, 2007.

Thomas, Günter. "Public theologies –A systematic typology with reference to their function, forms and perspectives." *Living Theology.* eds., Len

Hansen, Nico Koopman, Robert Vosloo. Bible Media, 2011, 536–
553.

Tracy, David. "Theology as public discourse." *The Christian Century* 92.10
(1975): 280-284.

_____. *The Analogical Imagination*. London: SCM Press, 1981.

4장 – 세 번째 길: 기독교와 공론장의 구조 변동

사이토 준이치. 『민주적 공공성』. 윤대석, 류수연, 윤미란 옮김. 서울: 이음, 2009.

손규태. 『하나님 나라와 공공성』. 서울: 대한기독교서회, 2010.

위르겐 하버마스. 『담론윤리의 해명』. 이진우 옮김. 서울: 문예출판사, 1997.

위르겐 하버마스. 『공론장의 구조 변동』. 박영도 옮김. 서울: 나남, 2001.

위르겐 하버마스, 요제프 라칭거. 『대화: 하버마스 對 라칭거 추기경』. 윤종석 옮
김. 서울: 새물결, 2009.

장은주. 『생존에서 존엄으로』. 서울: 나남, 2007.

Browning, Don S., and Francis Schüssler Fiorenza. *Habermas, Modernity, and
Public Theology*. New York: Crossroad, 1992.

Calhoun, Craig. "Introduction: Habermas and the public sphere." in
Habermas and the Public Sphere. ed., Craig Calhoun. Cambridge: MIT
Press, 1992, 1-25.

Cooke, Maeve. "Salvaging and secularizing the semantic contents of
religion: the limitations of Habermas's postmetaphysical proposal."
International Journal for Philosophy of Religion 60.1-3 (2006): 187-207.

Dreyer, Jaco S., and Hennie J. C. Pieterse. "Religion in the public sphere:
What can public theology learn from Habermas's latest work?." *HTS
Theological Studies* 66.1 (2010): 1-7.

Habermas, Jürgen. *The Theory of Communicative Action: Vol. 1: Reason and the
Rationalization of Society*. trans. T. McCarthy. Boston: Beacon, 1984.

_____. *Between naturalism and religion: Philosophical essays*. Cambridge: Polity, 2008.

Kim, Sebastian. "Editorial." *International Journal of Public Theology* 1.1 (2007): 1-4.

MacKendrick, Kenneth G., and Matt Sheedy. "The future of religious history in Habermas's critical theory of religion." *Method & Theory in the Study of Religion* 27.2 (2015): 151-174.

Melton, James Van Horn. *The rise of the public in enlightenment Europe*. Cambridge University Press, 2001.

Smit, Dirkie. "Notions of the public and doing theology." *International Journal of Public Theology* 1.3 (2007): 431-454.

_____. "What Does "Public" Mean? Questions with a View to Public Theology." *Christian in Public: Aims, Methodologies and Issues in Public Theology*. ed., Len Hansen. Stellenbosch: African Sun Media, 2007, 11-46.

5장 – 네 번째 길: 공적 분노와 해방신학의 재구성

Atherton, John. "Marginalisation, Manchester and the Scope of Public Theology." *Studies in Christian Ethics* 17.2 (2004): 20-36.

De Gruchy, John W. "From political to public theologies: The role of theology in public life in South Africa." *Public Theology for the 21st Century: Essays in Honour of Duncan B. Forrester*. eds., William Storrar and Andrew Morton. London and New York: T&T Clark, 2004, 45-62.

Frazer, Nancy. *Justice Interruptus: Critical reflections on the "postsocialist" condition*. New York: Routledge, 1997.

Landman, Christian. "Talking hope – Dirkie Smit and public theology." *Living Theology*. eds., Len Hansen, Nico Koopman, Robert Vosloo. Bible Media, 2011, 525-535.

Maluleke, Tinyiko S. "Reflections and resources the elusive public of Public Theology: A response to William Storrar." *International Journal of Public Theology* 5.1 (2011): 79-89.

Petrella, Ivan. *The Future of Liberation Theology: An Argument and Manifesto.* London: SCM, 2006.

Storrar, William. "The naming of parts: Doing public theology in a global era." *International Journal of Public Theology* 5.1 (2011): 23-43.

Vellem, Vuyani Shadrack. "Ideology and spirituality: a critique of Villa-Vicencio's project of reconstruction." *Scriptura: International Journal of Bible, Religion and Theology in Southern Africa* 105.1 (2010): 547-558.

Villa-Vicencio, Charles. *A theology of reconstruction: Nation-building and human rights.* Cambridge: Cambridge University Press, 1992.

Von Sinner, Rudolf. "Brazil: From Liberation Theology to a Theology of Citizenship as Public Theology." *International Journal of Public Theology* 1.3 (2007): 338-363.

West, Cornel. *Prophesy Deliverance! An Afro-American Revolutionary Christianity.* Louisville: Westminster/John Knox, 2002.

6장 - 다섯 번째 길: 세계화와 대항적 공공신학

레베카 토드 피터스. 『좋은 세계화 나쁜 세계화』. 방연상 · 윤요한 옮김. 서울: 새물결플러스, 2012.

맥스 L. 스택하우스. 『세계화와 은총』. 이상훈 역. 서울: 북코리아. 2013.

미로슬라브 볼프. 『인간의 번영』. 양혜원 옮김. 서울: IVP, 2017.

박일준. "토착화 신학 3세대의 이중적 극복 과제." 변선환아키브 · 동서신학연구소 편, 『제3세대 토착화 신학』. 서울: 도서출판 모시는 사람들, 2001.

안토니오 네그리, 마이클 하트. 『제국』. 윤수종 옮김. 서울: 이학사, 2001.

존 하워드 요더. 『교회, 그 몸의 정치』. 김복기 옮김. 논산: 대장간, 2011.

톰 라이트. 『광장에 선 하나님』. 안시열 옮김. 서울: IVP, 2018.

Bedford-Strohm, Heinrich. *Liberation Theology for a Democratic Society: Essays in Public Theology*. Zürich: LIT Verlag, 2018.

Bosch, D. J. "God's reign and the rulers of this world: Missiological Reflections on Church-State relationships." in *The good news of the kingdom: Mission theology in the third millennium*. eds., C. van Engen, D.S. Gilliland & P. Pierson. Maryknoll, N.Y.: Orbis, 1993, 89-95.

Hinkelammert, Franz J. "Liberation theology in the economic and social context of Latin America." in *Liberation Theologies, Postmodernity, and the Americas*. eds., Franz J. David Batstone, Eduardo Mendieta, Lois Ann Lorentzen, Dwight N. Hopkins. Routledge, 1997, 25-52.

Koopman, Nico. "Contemporary Public Theology in the United States and South Africa." in *Freedom's Distant Shores: American Protestants and Post-Colonial Alliances with Africa*. ed., R. Drew Smith. Waco, Texas: Baylor University Press, 2006, 209-222.

Meylahn, Johan-Albrecht. "Ecclesiology as doing theology in and with local communities but not of the empire." *Studia Historiae Ecclesiasticae* 37.3 (2011): 1-15.

Smit, Dirk J. "The Paradigm of Public Theology? Origins and Development." in *Contextuality and Intercontextuality in Public Theology*. eds., H. Bedford-Strohm, F. Höhne and T. Reitmeier. Münster: Lit Verlag, 2013, 11-23.

Storrar, William F. "Where the local and the global meet: Duncan Forrester's glocal public theology and Scottish political context." *Public Theology for the 21st Century: Essays in Honour of Duncan B. Forrester*. eds., William Storrar and Andrew Morton. London and New York: T&T Clark, 2004, 405-430.

THE ACCRA CONFESSION (http://wcrc.ch/accra/the-accra-confession)

Zimmerman, Earl. "Church and Empire: Free-Church Ecclesiology in a Global Era." *Political Theology* 10.3 (2009): 471-495.

7장 – 여섯 번째 길: 종교의 공적 귀환

디트리히 본회퍼. 『윤리학』. 손규태, 이신건, 오성현 옮김. 서울: 대한기독교서회,
　　2010.

목광수. "민주주의적 덕성과 공론장." 사회와 철학 25 (2013): 365-398.

아비샤이 마갈릿. 『품위 있는 사회』. 신성림 옮김. 서울: 동녘, 2008.

이남석. 『차이의 정치—이제 소수를 위하여』. 서울: 책세상, 2001.

샹탈 무페. 『정치적인 것의 귀환』. 이보경 옮김. 서울: 후마니타스, 2007.

조르조 아감벤. 『왕국과 영광』. 박진우·정문영 옮김. 서울: 새물결, 2016.

존 롤스. 『정치적 자유주의』. 장동진 옮김. 서울: 동명사, 2016.

칼 슈미트. 『정치신학』. 김항 옮김. 서울: 그린비, 2010.

Berger, Peter L. "A Conversation with Peter L. Berger: 'How My Views Have
　　Changed.'" by Gregor Thuswaldner. *The Cresset* 77 (2014): 16-21.
　　(http://thecresset.org/2014/Lent/Thuswaldner_L14.html.)

Biggar, Nigel. "Christian Public Reasoning in the United Kingdom:
　　Apologetic, Casuistical, and Rhetorically Discriminate." *Studies in
　　Christian Ethics* 25.2 (2012): 141-147.

Brown, Petra. "Bonhoeffer, Schmitt, and the state of exception." *Pacifica* 26.3
　　(2013): 246-264.

Cerella, Antonio. "Religion and political form: Carl Schmitt's genealogy of
　　politics as critique of Jürgen Habermas's post-secular discourse."
　　Review of International Studies 38.5 (2012): 975-994.

De Vries, Hent, "Introduction: Before, Around and Beyond the Theologico-
　　Political," in *Political Theologies: Public Religions in a Post-secular World*.
　　eds., Hent de Vries and Lawrence Eugene Sullivan. Fordham Univ
　　Press, 2006, 1-88.

Fiorenza, Francis Schüssler. "Political Theology and the Critique of
　　Modernity: Facing the Challenges of the Present." *Distinktion:
　　Scandinavian Journal of Social Theory* 6.1 (2005): 87-105.

Graham, Elaine. "Between a Rock and a Hard Place: Public Theology in the United Kingdom." in *Contextuality and Intercontextuality in Public Theology*. eds., H. Bedford-Strohm, F. Höhne and T. Reitmeier. Münster: Lit Verlag, 2013, 121-135.

Taylor, Charles. *Philosophical Papers Volume 2: Philosophy and the Human Sciences*. Cambridge: Cambridge University Press, 1985.

_____. "The Politics Of Recognition." in *Multiculturalism And "The Politics Of Recognition": An Essay*. eds., Gutmann, Amy, and Charles Taylor. Princeton, NJ: Princeton University Press, 1992.

Wright, Jenny A. "The Overlapping Consensus and Public Theology? Moving Beyond Consensus to Community." in *Contextuality and Intercontextuality in Public Theology*. eds., H. Bedford-Strohm, F. Höhne and T. Reitmeier. Münster: Lit Verlag, 2013, 269-278.

Young, Iris. *Inclusion and Democracy*. Oxford: Oxford University Press, 2000.

8장 – 누구를 위한, 어떤 공공신학인가?

강남순. 『코즈모폴리터니즘과 종교』. 서울: 새물결플러스, 2015.

낸시 프레이저 & 악셀 호네트. 『분배냐, 인정이냐?: 정치철학적 논쟁』. 김원식·문성훈 옮김. 사월의 책, 2014.

낸시 프레이저 외. 『불평등과 모욕을 넘어: 낸시 프레이저의 비판적 정의론과 논쟁들』. 문현아 외 옮김. 서울: 그린비, 2016.

낸시 프레이저. 『지구화 시대의 정의』. 김원식 옮김. 서울: 그린비, 2010.

미로슬라브 볼프. 『배제와 포용』. 박세혁 옮김. 서울: IVP, 2012.

사이토 준이치. 『민주적 공공성』. 윤대석, 류수연, 윤미란 옮김. 서울: 이음, 2009.

자크 데리다. 『아듀 레비나스』. 문성원 옮김. 서울: 문학과지성사, 2016.

크리스틴 폴. 『손대접』. 정옥배 옮김. 서울: 복있는사람, 2002.

파커 J. 파머. 『비통한 자들을 위한 정치학』. 김찬호 옮김. 서울: 글항아리, 2012.

Bretherton, Luke. "Translation, Conversation, or Hospitality? Approaches to Theological Reasons in Public Deliberation." in *Religious Voices in Public Places*. eds., Nigel Biggar & Linda Hogan. Oxford University Press, 2009, 85-109.

Fraser, Nancy. "Recognition without ethics?" in *The culture of toleration in diverse societies*. eds., Catriona McKinnon and Dario Castiglione. Manchester University Press, 2003, 86-109.

_____. *Justice Interruptus: Critical reflections on the "postsocialist" condition*. New York: Routledge, 1997.

Jacobsen, Eneida. "Models of public theology." *International Journal of Public Theology* 6.1 (2012): 7-22.

MacIntyre, Alasdair. *Whose Justice? Which Rationality?* (Notre Dame, IN: University of Notre Dame Press, 1988).